D1734194

Dominik Manfred Richard Kozanda

Aproximación al estudio de las manifestaciones de (des)cortesía tú y usted en la combinación lingüística español y alemán

Implicaciones para la Interpretación de lenguas

Diplomica® Verlag GmbH

Kozanda, Dominik Manfred Richard: Aproximación al estudio de las manifestaciones de (des)cortesía tú y usted en la combinación lingüística español y alemán: Implicaciones para la Interpretación de lenguas, Hamburg, Diplomica Verlag GmbH 2012

ISBN: 978-3-8428-8556-1
Druck: Diplomica® Verlag GmbH, Hamburg, 2012

Bibliografische Information der Deutschen Nationalbibliothek:
Die Deutsche Nationalbibliothek verzeichnet diese Publikation in der Deutschen
Nationalbibliografie; detaillierte bibliografische Daten sind im Internet über
http://dnb.d-nb.de abrufbar.

Die digitale Ausgabe (eBook-Ausgabe) dieses Titels trägt die ISBN 978-3-8428-3556-6
und kann über den Handel oder den Verlag bezogen werden.

ÍNDICE DE CONTENIDOS

Muchas gracias

Quisiera expresar mi más sincero agradecimiento a todas las personas que han colaborado en la realización de este trabajo.

Mia: Don't you hate that?
Vincent: Hate what?
Mia: Uncomfortable silences. Why do we feel it's necessary to yak about bullshit in order to be comfortable?
Vincent: I don't know. That's a good question.

(Uma Thurman to John Travolta in *Pulp Fiction*, 1994)

Índice de tablas

Índice de figuras

1. INTRODUCCIÓN

1.0. MOTIVACIÓN

Uno de los desafíos más importantes al que nos enfrentamos los intérpretes es el de tomar decisiones apropiadas para poder transmitir el sentido del discurso original (en adelante, DO) al oyente (en adelante, O) de la cultura meta (en adelante, CM).

El origen de este acercamiento a una investigación se encuentra en una contribución que ha sido evaluada por un tribunal académico y que ha sido recomendada para su publicación (Kozanda, 2011). Este trabajo de índole científica ya trató la relación Cortesía-Interpretación de una forma muy acotada y específica. En este sentido, el *trato de tú* y el *trato de usted* estudiados como elementos de (des)cortesía me interesaron desde muy pronto al observar la indefinición que presentaban ambas manifestaciones. Pero lo que más acaparaba mi atención era la dificultad de su interpretación dentro del español y alemán. De hecho, esta dificultad ya se hizo notar en mi primer contacto con la Interpretación.

Realicé una interpretación de enlace en español y alemán en una reunión que tenía como objetivo la creación de una asociación de vecinos en un municipio de una provincia andaluza en la que aproximadamente el 70% de habitantes son alemanes.

Por un lado se encontraban representantes del Ayuntamiento y, por otro, los representantes alemanes que actuaban en nombre del municipio.

Al comienzo de la reunión, me sorprendió mucho, al igual que a muchas otras personas que se encontraban en el público[1], que los representantes del Ayuntamiento tutearan a los representantes alemanes que actuaban en nombre del municipio, sin conocerlos de nada.

Por consiguiente, ¿qué decisión toma el intérprete en una situación de este tipo? ¿Se decanta por una interpretación literal[2] (*trato de tú*) o por una interpretación más bien comunicativa[3] (*trato de usted*)?

---

[1] Comunicación personal.

[2] Nos referimos con interpretación literal a una reproducción de los aspectos formales del discurso original.

[3] Nos referimos con interpretación comunicativa a una adaptación de las oraciones para que sean coherentes con las expectativas del oyente (meta).

Escogí la segunda opción, el *trato de usted*, y la justificación es una experiencia personal. He tenido la oportunidad de vivir durante mucho tiempo tanto en Alemania como en España y, por ejemplo en Alemania, no en raras ocasiones surgían situaciones, en las que opté por un *tú*, habiendo tenido después la sensación de haber cometido una falta de respeto. En este sentido, la relevancia que tiene el uso de una forma de cortesía u de otra en una interpretación a otro idioma, es decir, a otra cultura, en nuestro caso la alemana y la española, es crucial.

1.1. OBJETO DE ESTUDIO

El objeto de estudio de este trabajo es el estudio cuantitativo contrastivo de dos elementos de cortesía concretos (el *trato de tú* y el *trato de usted*) en entrevistas en español y alemán. A través de él, se puede llegar a determinar la relevancia que la transmisión de este tipo de manifestaciones alberga, ya no solo para los oyentes de un DM, sino para los jóvenes aspirantes a intérprete que se forman en centros de todo el mundo.

Este estudio se nutre de la Pragmática, de la Sociología, de la Traducción e Interpretación y de la Didáctica de la Traducción e Interpretación. Por lo tanto, podemos considerar que constituye una aproximación multidisciplinar.

Aun así, este trabajo no pretende ser exhaustivo, si bien se podría ampliar de cara a la realización de una investigación profunda que permita llegar a conclusiones con transcendencia.

Se analizan tanto dos entrevistas en español como en alemán. En función de que se trate de una entrevista de supuestamente mayor grado de formalidad (a actor) o menor grado de formalidad (a deportista) y sea en español o en alemán, las dos hipótesis de partida que formulamos a continuación se cumplirán completamente, en parte o en absoluto:

HIPÓTESIS
1ª «Los interlocutores se tratan de *tú* en las entrevistas de menor grado de formalidad»
2ª «Los interlocutores se tratan de *usted* en las entrevistas de mayor grado de formalidad»

Tabla 1. Hipótesis de trabajo.

1.2. OBJETIVOS DEL ESTUDIO

El presente estudio persigue objetivos generales y específicos.

En la vertiente general, se trata de llamar la atención acerca de la relevancia de los Estudios de Cortesía en Interpretación para abrir el camino hacia una línea de investigación innovadora.

En la vertiente específica se persigue un doble objetivo: en primer lugar, se pretende llevar a cabo una fundamentación teórica (parte teórica) para, en segundo lugar, analizar de forma cuantitativa y contrastiva los planteamientos que formulamos a modo de hipótesis (parte práctica).

1.3. ENFOQUE DEL ESTUDIO

Podemos reconocer pues, que desarrollaremos este estudio desde un enfoque teórico-práctico, en el que se describirán en la parte teórica las corrientes teóricas en cuestión de una forma breve y concisa para posteriormente, en la parte práctica, proceder con nuestro análisis.

En nuestro estudio partimos de la siguiente concepción: en el caso de una interpretación ideal se encuentra un equivalente que transmita del mismo modo la fuerza pragmática que posee un determinado término o expresión en el discurso meta (en adelante, DM), lo cual no es nada fácil: (aún) no se puede expresar o medir la fuerza pragmática de un término o una expresión con una unidad de medida (universal), es decir, es inmensurable.

En el caso de que no se encuentre un equivalente directo, la premisa primordial es minimizar al máximo la pérdida de fuerza pragmática a lo largo de la realización del DM (lógicamente teniendo en cuenta la situación comunicativa del mismo DM).

En el apartado siguiente nos centraremos en los aspectos formales de este estudio.

Las cuestiones formales constituyen una realidad omnipresente, también en el terreno de la investigación científica en la disciplina de la Interpretación.

En cuanto a la normativa ortotipográfica, a lo largo de este trabajo utilizamos las mayúsculas siguiendo las indicaciones que la Real Academia Española (2010) y la *American Association of Psychology* (en adelante, APA) (2012) dictan al respecto, siendo conscientes del (ab)uso de las mayúsculas para referirse a algunas profesiones (Juez, Notario y Letrado, entre otros) y títulos académicos (Grado, Master y Doctorado, entre otros). Este (ab)uso no tiene más fundamento que la necesidad de imbuir a la profesión de importancia para mantener el tradicional distanciamiento con la población en general (Way, 2003: 3; Castellón, 2000: 54), a menudo sin justificación alguna.

Además, utilizamos el genérico masculino a la hora de mencionar los colectivos de intérpretes, entrevistadores, entrevistados, etc. Somos conscientes de que el uso normativo puede implicar una visualización masculina de un colectivo que, en el ámbito de la Interpretación, es mayoritariamente femenino. Nos hemos inclinado hacia el uso del genérico masculino, pues trae consigo cierta economía del lenguaje (APA, 2012). No obstante, mantenemos una perspectiva de sexo[4] en otras cuestiones, como por ejemplo en el Índice o en la Bibliografía, donde se puede identificar el género de los autores, pues se ha añadido su nombre de pila.

Empleamos la *cursiva* cuando hacemos ilusión al *trato de tú* o *de usted* y al *tú* o al *usted*. En extranjerismos, neologismos y tecnicismos así como para resaltar términos concretos también recurrimos a la cursiva. Se han escrito en VERSALITA los títulos de los distintos epígrafes.

Ya desde mediados del siglo XX el inglés es la *lingua franca* de la investigación científica (Reimerink, 2005). Por esta razón, entre otras, recurrimos a APA (2012) en cuanto a las citas que aparecen a lo largo de todo el texto y en la Bibliografía.

La idea que subyace detrás del anexo es ayudar a la comprensión de lo expuesto en el texto a través de documentación adicional que se considera primaria y de contexto. El anexo contiene también las transcripciones de las entrevistas según Dresing y Pehl (2011). En estas, empleamos

---

[4] El sexo hace referencia a masculino o femenino. El género hace referencia o bien a género gramatical o a género en un sentido más amplio desde un punto de vista sociológico («Gender Studies», en inglés).

una serie de indicadores que describen la situación comunicativa, como por ejemplo «(incomprensible)» o «(B ríe)».

En último lugar, entregamos este estudio en formato impreso y en formato electrónico.

Una vez aclaradas algunas convenciones formales que apoyamos en este trabajo, procederemos a continuación con la organización del estudio.

1.5. ORGANIZACIÓN DEL ESTUDIO

En primer lugar, desarrollamos la introducción que guía el presente estudio.

En segundo lugar, realizaremos un breve recorrido por el estado del arte, resumiendo brevemente los comienzos de la Pragmática así como de los Estudios de cortesía, siendo la finalidad de ello proporcionar una visión general de las distintas perspectivas desde las que parten los Estudios de cortesía. En el mismo capítulo mostraremos por qué resulta relevante el binomio Cortesía-Interpretación en general, y el uso del *trato de tú* y del *trato de usted* en español y alemán en particular, mostrando también una gran variedad de definiciones de ambas expresiones que diccionarios monolingües en ambas lenguas nos proporcionan.

En tercer lugar, explicaremos la metodología aplicada en la parte práctica del estudio, proporcionaremos información acerca del corpus para facilitar la comprensión del análisis, deteniéndonos en la descripción y en la justificación del corpus, en el material y método empleados así como el formato y la codificación de la presentación de los resultados.

En cuarto lugar, nos dedicaremos a presentar los resultados según el formato y la codificación mostrada en la parte final del capítulo anterior para después proceder con una discusión.

Finalmente, terminaremos este acercamiento a una investigación mostrando las conclusiones extraídas de nuestro estudio y las potenciales líneas de investigación futuras sobre el tema que abordamos.

Situamos al final la Bibliografía y los Anexos, entre los que se encuentra la transcripción completa de las entrevistas.

2. FUNDAMENTACIÓN TEÓRICA

2.1. ACTOS DE HABLA

2.1.1. JOHN LANGSHAW AUSTIN: LA TEORÍA DE LOS ENUNCIADOS

En la década de 1940, Austin orienta los estudios lingüísticos hacia la perspectiva pragmática. A pesar de que él nunca utilizó el término *pragmática*, sus obras, editadas tras su muerte, son el inicio de la vertiente pragmática de los estudios lingüísticos (Postigo Gómez, 2003: 223).

La primera gran contribución de este autor es la importancia que le atribuye al lenguaje común, que en aquella época estaba considerado en un nivel inferior al del filosófico o científico (Postigo Gómez, 2003: 223). Esto es, Austin otorga el mismo valor al lenguaje corriente y parte de la concepción de que es un lenguaje perfectamente adaptado para los fines para los cuales se utiliza. En este respecto, sugiere la necesidad de utilizar un lenguaje determinado en un momento determinado, adaptado a la finalidad que tenga la comunicación.

Otra contribución determinante fue el abandono de las categorías de verdad y falsedad para caracterizar a los enunciados que él subdivide en constativos y realizativos y su sustitución por el concepto de adecuación, que tiene en cuenta el contexto situacional. Se trata del fundamento de su teoría de los enunciados.

Además, Austin (1962: 94) fue el primero en señalar que cuando hablamos realizamos tres tipos de actos. Esta es su famosa distinción en tres partes de los actos de habla:

En primer lugar, el *acto locutivo* que, subdividido en acto fático, fonético y rético, es el acto de decir algo.[5]

En segundo lugar, el *acto ilocutivo*, que hace referencia a la intención con que el hablante formula una oración.

En tercer lugar, el *acto perlocutivo*, que busca el efecto causado en el oyente.

---

[5] Según Austin (1962: 85) el acto fonético consiste en la producción de sonidos de la lengua, el acto fático es el cumplimiento de las reglas sintácticas y léxicas de una lengua y el acto rético, se ve reflejado en la reproducción en estilo indirecto de un enunciado.

En efecto, un papel fundamental en el proceso de decisión durante la realización de una interpretación es aquel que juegan la locución, la ilocución y la perlocución, que pueden ser distintos, pues dependen de una interpretación retroactiva por parte del interlocutor, si bien no es fácil determinar la fuerza intencionada de un acto de habla, lo que supone un gran reto para los traductores e intérpretes.[6]

Muchos estudios pragmáticos posteriores toman como punto de partida las aportaciones anteriormente citadas.

2.1.2. JOHN SEARLE: LA TEORÍA DE LOS ACTOS DE HABLA

Su mayor aportación es la teoría de los actos de habla, la cual representa todo un marco formal que permite analizar los actos de habla, considerando que el habla es un acto que consiste en producir una oración sujeta a ciertas reglas convencionales que habrá que respetar si no se quieren cometer violaciones que hagan inapropiado dicho acto.

Searle (1969) es capaz de desarrollar una serie de criterios que permiten el análisis de la adecuación de los enunciados a su fuerza ilocutiva, añadiendo un acto de habla más a los ya establecidos por Austin: el *acto proposicional,* formado por un acto referencial y un acto perlocutivo para referir y predicar. Sin embargo, no es consciente de que su modelo resulta inflexible en cuanto al seguimiento de una serie de reglas estáticas.

En el contexto dinámico en el que nos encontramos como individuos en una determinada situación comunicativa, no es factible el establecimiento de un conjunto de principios de obligado cumplimiento como lo postula Searle (1969) en su modelo relativamente rígido (Postigo Gómez, 2003: 228).

No obstante, son numerosos los estudios posteriores que se fundamentan en la teoría establecida por Searle (1969).

---

[6] Como hemos podido reconocer también a través de los ejercicios relacionados con los actos de habla realizados en las sesiones presenciales del módulo, por ejemplo.

2.1.3. PAUL HERBERT GRICE: EL PRINCIPIO DE COOPERACIÓN

Grice (1975: 47) postula su Principio de Cooperación (en adelante, PC) presente en todo acto comunicativo, que se basa en las siguientes normas pragmáticas:[7]

> 1 La contribución debe ser tan informativa como se requiera.
> 2 No informar más de lo requerido.
> 3 Transmitir información relevante.
> 4 Evitar ambigüedad. Ser conciso. Ser estructurado.

La primera norma pragmática equivale a la máxima de la calidad, la segunda a la máxima de la cantidad, la tercera a la máxima de la relación y la cuarta a la máxima de la manera.

Grice (1975) supera la rigidez de la teoría de los actos de habla de Searle (1969). Al no establecer ciertas reglas de obligado cumplimiento, el PC resulta más viable.

En las contribuciones de Grice (1975) se sustentan muchísimos estudios pragmáticos posteriores.

---

[7] Traducción propia al español de la siguiente cita original en inglés de Grice (1975: 45):
   «1 Make your contribution as informative as is required;
   2 Do not make your contribution more informative than is required;
   3 Be relevant;
   4 Avoid obscurity of expression. Avoid ambiguity. Be brief. Be orderly».

2.2. Estudios de cortesía

La (des)cortesía (re)presenta una constante en todo acto comunicativo en general y, por tanto, en la disciplina de la Interpretación inevitablemente también. A continuación procederemos con un breve recorrido sobre los postulados que mayor impacto han tenido.

2.2.1. Robin Lakoff: las normas de cortesía

Para Robin Lakoff, considerada la madre de la teoría de la cortesía moderna (Eelen, 2001: 2), la cortesía es de gran relevancia de cara a la demostración de las debilidades de las teorías tradicionales de la lingüística (Lakoff, 1973; Eelen, 2001). Hasta la década de los setenta, la cortesía era algo jerárquico y codificado socialmente, era una aplicación de normas establecidas (Postigo Gómez, 2003: 232).

Como prueba que justifica esta afirmación sirve el ejemplo siguiente:

Como menciona Besch (1996: 20), en los años sesenta, un estudiante tuteó a un catedrático durante una clase, la cual estaba llena.[8] Este estudiante, días después, asistió a la tutoría y, tras realizar una inclinación con la cabeza, le pidió permiso al catedrático para poder presentarse al examen. El catedrático rechazó la solicitud debido a la fórmula de cortesía por la que se decantó el estudiante durante la mencionada clase.

No obstante, después de la década de los setenta, aún se encuentran muchísimos testimonios, al orden del día, que abogan por la cortesía como algo anclado y codificado jerárquica y socialmente, siendo una aplicación de normas (pre)establecidas, como se puede observar en los siguientes ejemplos:

Se criticó a un profesor de Filología Germánica por tutear a sus estudiantes durante un examen final según un artículo publicado en el periódico alemán *Zeit* del 18 de junio de 1982 (Besch, 1996: 20). La razón es que la Ley de la Administración del Estado Federado de Baden-Württemberg (*Landesverwaltungsgesetz Baden-Württemberg*) ordena la existencia de un deber por parte de los profesores universitarios de tratar a sus estudiantes de *usted*, puesto que en caso contrario se podría

---

[8] Nótese la jerarquía (estudiante-catedrático).

sospechar que existiera una buena relación o una relación cercana entre profesor y estudiante (Besch, 1996: 61).

Ahora bien, posibles incoherencias en las formas de tratamiento pronominales no siempre tienen que acabar en un conflicto, como se refleja en este artículo publicado en el periódico alemán *Frankfurter Rundschau* el 5 de junio de 1987 (Völpel, 1988: 22) que representa nuestro segundo ejemplo:

> Bonn, 4 de junio Agencia Alemana de Prensa (*Deutsche Presse Agentur*). Un desacostumbrado *doble-tú* se escuchaba el jueves durante una discusión sobre la *doble solución cero* en el Parlamento Federal. La diputada del Parlamento Federal del Partido Político Alianza 90 Los Verdes Christa Nickels tuteó en una pregunta incidental al Diputado del Parlamento Federal del Partido Socialdemócrata de Alemania Karsten Voigt, introduciendo su intervención ante un marcado murmullo entre el pleno de la siguiente manera: «Tú has dicho que...». Acto seguido, Voigt dirigía su palabra hacia la diputada llamándola por su nombre, «Christa». Como contestación a las carcajadas de los restantes Diputados mencionó en su discurso: «Si me tratan de *tú*, contestaré respectivamente». Al modo de parecer de Voigt, el clima en el Parlamento Federal de Alemania (*Bundestag*) es en muchas ocasiones demasiado rígido. En su opinión, también se podría tutear alguna vez.[9]

2.2.2. PENELOPE BROWN Y STEPHEN LEVINSON: LAS ESTRATEGIAS DE CORTESÍA

La teoría planteada por estos investigadores es la que más eco ha tenido en los estudios pragmáticos tanto para su verificación como para su rechazo (Arundale, 2006: 193).

Brown y Levinson (1978, 1987) amplían el modelo de la imagen social, establecido por Goffman (1967)[10], partiendo del hecho de que toda persona tiene un *face* que pretende preservar, siendo la mejor manera de hacerlo el respeto a los demás. En este sentido, Brown y Levinson (1978, 1987) formulan su teoría de la imagen, afirmando que toda interacción está motivada por salvar esa

---

[9] Traducción propia al español de la siguiente cita original en alemán (Völpel, 1988: 22): «Bonn, 4. Juni (DPA). Ein ungewöhnliches Doppel-Du war am Donnerstag im Bundestag bei der Debatte über die doppelte Null-Lösung zu hören. Die Grünen-Abgeordnete Christa Nickels duzte bei einer Zwischenfrage den SPD-Abgeordneten Karsten Voigt und leitete ihren Satz unter deutlichem Geraune im Plenum mit der Bemerkung ein: «Du hast gesagt...» Voigt redete die Grünen-Abgeordnete daraufhin mit «Christa» an. Auf Gelächter der übrigen Abgeordneten schob er in die Rede ein: «Wenn ich mit *Du* angeredet werde, antworte ich entsprechend.» Er sei ohnehin der Meinung, dass es im Bundestag oft zu steif zugehe. Nach seiner Meinung könne man sich auch einmal duzen.»

[10] Erving Goffman (1967) introdujo el concepto de *face*, normalmente traducido al español como *imagen pública* (Haverkate, 1994) o *imagen social* (Bravo, 1999), relacionado con el fraseologismo inglés *to lose face*, con correspondencia en muchas culturas. El origen de esta denominación se puede encontrar en la Sociedad, dónde la persona intenta mantener una *fachada* o imagen positiva de ella para ser aceptada a nivel social, esto es, un trato mutuo, esperando al mismo tiempo de su interlocutor que respete esta imagen como él respeta la otra.

imagen, es decir, las dos caras de esa imagen, lo cual da lugar a la cortesía positiva y a la cortesía negativa respectivamente.[11]

Como se puede observar en los siguientes esquemas teóricos (figuras 1 y 2), la imagen pública positiva o *positive face*, se caracteriza por las necesidades de una persona de, por ejemplo, ser apreciada, ser amada, caer bien o ser importante. La imagen pública negativa, o *negative face*, se fundamenta en el deseo de autonomía que una persona persigue.

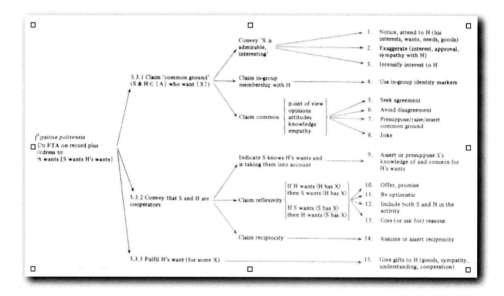

Figura 1. Esquema teórico, estrategias de cortesía positiva según Brown y Levinson (1987: 131).

---

[11] Queremos llamar la atención acerca de la frecuente percepción errónea de la calificación de la imagen pública positiva como buena y de la imagen pública negativa como mala. Se trata simplemente de dos concepciones distintas.

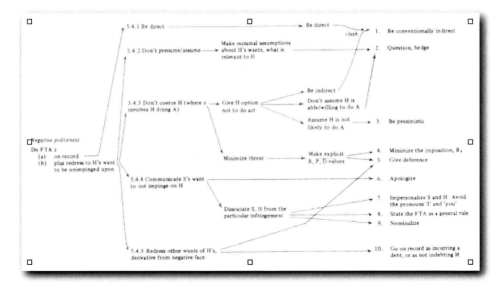

Figura 2. Esquema teórico, estrategias de cortesía negativa según Brown y Levinson (1987: 132).

Hay algunos actos de habla que amenazan la imagen, la cual, a su vez, es vulnerable, por lo que Brown y Levinson (1987: 69) establecen unas estrategias de cortesía para minimizar los efectos de los actos contra la imagen pública (en adelante, ACI[12]). Como se puede observar en los esquemas teóricos propuestos por Brown y Levinson (1987: 69), estos actos se agrupan en cinco grupos[13]:

1 realizar el ACI de modo explícito, sin desagravio;
2 realizarlo con cortesía positiva, o sea con el desagravio de la
   imagen positiva de H;
3 realizarlo con cortesía negativa, o sea con el desagravio de la
   imagen negativa de H;
4 insinuarlo de modo indirecto o ambiguo;
5 no realizar el ACI

Por consiguiente, un interlocutor puede realizar un acto amenazante de forma directa o explícita (*on record*), o de forma directa o implícita (*off record*), aunque existe un factor determinante que

---

[12] Al explicar la teoría de Brown y Levinson, empleamos la terminología propuesta por Garcés Conejos, Pilar (1991) y adoptada por Lorés Sanz, Rosa (1997: 224): Imagen = *face,* Seriedad (S) = *Weight* (W), Poder (P) = *Power* (P), Distancia (D) = *Distance* (D), e Imposición (I) = *Ranking of imposition* (R). En este sentido, utilizamos la abreviatura ACI (actos contra la imagen pública) para referirnos a lo que Brown y Levinson (1987: 68) llaman FTA (*face-threatening acts*).

[13] Traducción propia al español de la siguiente cita original en inglés de Brown y Levinson (1987: 69):
«1 do the FTA on record, without redressive action, badly;
2 do the FTA on record, with redressive action, positive politeness;
3 do the FTA on record, with redressive action, negative politeness;
4 do the FTA off record;
5 don't do the FTA».

influye en la elección: las variables sociológicas, o sea, la distancia social (D) entre el hablante y el oyente, la relación de poder (P) entre ellos y el grado (R) de imposición del acto en la determinada cultura.

Estas variables sociológicas también se reflejan en los esquemas teóricos de Brown y Levinson (1987: 131, 132), como se puede observar. A partir de estas variables, estos autores crearon una fórmula matemática para poder llegar a medir el grado en que un acto verbal resulta amenazante para la imagen (Brown y Levinson, 1987: 76):

$$Wx = D(S,H) + P(H,S) + Rx$$

(donde W = Grado de potencial amenaza de un ACI, D = Distancia, S = Hablante, H = Oyente, P = Poder, R = Grado de imposición

Figura 3. Fórmula matemática establecida por Brown y Levinson (1987: 76) para medir en qué medida un acto verbal resulta amenazante para la imagen.

De hecho, a través de esta ecuación, el hablante puede calcular el esfuerzo que tiene que emplear para mitigar la amenaza del acto en cuestión y, de esta forma, seleccionar la estrategia de cortesía más adecuada (Brown y Levinson, 1987: 131, 132).

Los estudios de Brown y Levinson (1987), basados en las correspondencias encontradas en tres idiomas no relacionados[14], son los más seguidos durante los últimos años, por eso hemos desarrollado aquí de forma tan amplia su teoría.

2.2.3. GEOFFREY LEECH: EL PRINCIPIO DE CORTESÍA

Leech (1983), después de estudiar detenidamente las contribuciones de los anteriores investigadores (Austin, 1962; Searle, 1969; Grice, 1975; Lakoff, 1973; Brown y Levinson, 1978), parte de la base siguiente: para que la comunicación (humana) funcione, se requiere de un ejercicio heurístico por parte de los interlocutores, en el que el hablante tendrá que realizar una resolución de problemas previa para después verbalizar lo que quiere decir de una cierta forma o manera.

---

[14] Inglés, tamil (sur de la India) y tzeltal (Chiapas, México).

Este proceso mental engloba también el sopesamiento o la previsión de la interpretación pragmática del receptor, que no siempre va a coincidir con la fuerza ilocutiva que le quiso dar al mensaje.

De este modo, la labor del hablante es elegir, de entre todas las posibilidades, la mejor manera para hacer coincidir la intención ilocutiva con el efecto perlocutivo y, por consiguiente, la tarea del receptor es la de interpretar a partir del enunciado, no solo del contenido literal del mismo, sino también de la intención del emisor cuando llevó a cabo el acto (Postigo Gómez, 2003: 245).

Como se puede detectar en la siguiente figura, Leech (1983: 16, 58) introduce en la pragmática bajo el nombre de retórica interpersonal, además del PC de Grice, el principio de cortesía, para el que postula un sistema de máximas: la de tacto, la de generosidad, la de aprobación y la de modestia.

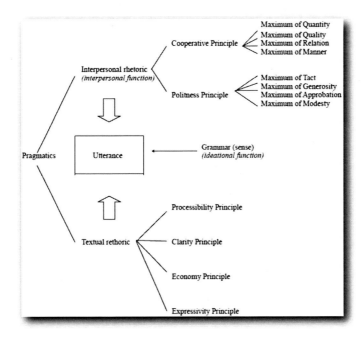

Figura 4. Esquema teórico adaptado de Leech (1983: 16, 58).

Además, amplía las máximas de Grice añadiendo otras dos: la máxima de cortesía[15] y la de ironía[16] (Eelen, 2001: 4). Según Leech (1983: 16), el incumplimiento de estas máximas resulta en un comportamiento descortés.

A modo de resumen, se trata de minimizar los daños a otra persona y de maximizar que se favorezca a otra persona. Sin embargo, Leech (1983) no menciona la razón por la que se produce lo anterior y tampoco proporciona una respuesta clara en cuanto a la cuestión de por qué somos buenas personas.

Aquí entran (de nuevo) en el terreno de juego Brown y Levinson (1987)[17], quienes sostienen que los interlocutores persiguen fines comunicativos.

En efecto, muchas veces queremos lograr algo a través de la comunicación, esto es, se adopta un pensamiento estratégico que nos lleva a utilizar una expresión determinada en lugar de otra en un momento determinado (Gómez Morón, 2004: 304).

Todo ello, entre otras cuestiones, se encuentra profundamente sedimentado en una investigación exhaustiva que ha sido y continua siendo para muchos miembros de la comunidad científica el modelo de referencia de los Estudios de cortesía.[18]

---

[15] Traducción propia al español de la siguiente cita original en inglés de Leech (1983: 16): «Politeness Principle».

[16] Traducción propia al español de la siguiente cita original en inglés de Leech (1983: 16): «Irony Principle».

[17] Brown y Levinson revisaron y ampliaron su obra de 1978 y la publicaron en 1987.

[18] No nos referimos a Leech (1983), sino a Brown y Levinson (1987).

2.2.4. BRUCE FRASER: EL CONTRATO CONVERSACIONAL

En 1980, en *Conversational Mitigation,*[19] Fraser realiza una de sus contribuciones más importantes hasta el momento: el contrato conversacional.

Este está basado en el PC de Grice (1975) y en el concepto de imagen de Goffman (1967). Fraser (1980) parte de la concepción de que toda interacción humana se rige por una serie de derechos y obligaciones. Según Postigo Gómez (2003: 249), el elemento innovador de la teoría de la cortesía de Fraser (1980) lo constituye la posibilidad de negociación de estos derechos y obligaciones en cualquier instante de la interacción.

Es decir, en función de la situación comunicativa y el contexto se adaptan los derechos y deberes según ciertas convenciones. En el fondo, Fraser (1980) coincide con Brown y Levinson (1978, 1987) en cuanto a esta faceta, ya que tienen en cuenta el contexto en el que se produce el acto de habla entre los interlocutores.

Efectivamente, el estudio del contexto en el que se produce un acto determina si este es (des) cortés, ya que este investigador estudia los actos de habla en dinámica (el contexto activa la cortesía o la descortesía) y no en abstracto.

2.2.5. HENK HAVERKATE: EL CONCEPTO DE LA CORTESÍA VERBAL

Haverkate (1994) muestra el fenómeno de la cortesía verbal a través de un análisis etimológico del propio término y, a continuación, pasa revista a los conceptos pragmáticos propuestos por varios autores como, por ejemplo, los de Searle (1969); Grice (1975); Lakoff (1973); Brown y Levinson (1978, 1987); y Sperber y Wilson (1986)[20]. A partir de ahí, realiza un modelo conjunto, estableciendo el concepto de cortesía verbal.

Su punto de partida es que el hablante elegirá una estrategia de cortesía que le suponga un menor coste verbal para alcanzar su objetivo. Además, hace hincapié en que la cortesía no es propia de determinadas clases de oraciones, sino de locuciones en una situación comunicativa determinada.

---

[19] FRASER, BRUCE (1980). Conversational Mitigation. *Journal of Pragmatics*, 4. 341-450.

[20] Sperber y Wilson revisaron y ampliaron su obra de 1986 y la publicaron en 1994.

Así pues, estas locuciones en una situación comunicativa determinada pueden ser corteses o descorteses, pero

> «[…] ningún hablante, cualquiera que sea su lengua materna, es capaz de expresarse de forma neutra: sus locuciones son corteses o no lo son, lo cual equivale a afirmar que la cortesía está presente o está ausente, no hay término medio. Este fenómeno no se debe considerar aisladamente, ya que se deriva de la naturaleza del comportamiento humano en general.»
>
> (Haverkate, 1994: 17)

Además, Haverkate es de la opinión que la cortesía no es una acción autónoma, sino que está integrada en toda la acción verbal, y es por eso que se puede considerar un subacto del acto de habla (Haverkate, 1994: 50). En la parte práctica de su contribución, Haverkate (1994) realiza su análisis contrastivo en el que compara la cortesía holandesa con la española, llegando posteriormente a algunas conclusiones, como por ejemplo que los españoles son más tolerantes y permisivos que los holandeses en cuanto la máxima «No interrumpas al que está hablando».

2.2.6. GINO EELEN: UN RETO A LAS TEORÍAS DE LA CORTESÍA

Eelen (2001) formula una crítica que utiliza como punto de partida para el desarrollo de un acercamiento alternativo al estudio de la Cortesía.

La diferenciación entre Cortesía1[21] y Cortesía2[22] supone el eje principal en torno al que gira su contribución (2001). El primer tipo de cortesía, menos complejo, hace referencia a la definición de sentido común del término *cortesía*. Sería el caso de ofrecer un asiento a una persona mayor en un autobús, por ejemplo. La segunda concepción de Cortesía, más compleja, se refiere al sentido académico del término, tal como se concibe en los Estudios de cortesía. El autor entra en un debate crítico reivindicando la indefinición del término de *cortesía* por parte de autores reconocidos en el ámbito de los Estudios de cortesía (Lakoff, 1973; Brown y Levinson, 1978, 1987; Leech, 1983; Fraser, 1980, entre otros).

Estas ideas tan críticas expuestas suponen un punto de inflexión y nutren en cierta medida los estudios posteriores. Esto es, consideramos que la obra de referencia de Eelen (2001) marca una nueva dirección en lo que a Estudios de cortesía se refiere (Xie, 2003: 817).

---

[21] Traducción al español de la siguiente cita original en inglés de Eelen (2001): «Politeness1».

[22] Traducción al español de la siguiente cita original en inglés de Eelen (2001): «Politeness2».

2.3. Uso del *TRATO DE TÚ* y del *TRATO DE USTED* en español y alemán: su importancia para la interpretación

2.3.1. El uso del *TRATO DE TÚ* y del *TRATO DE USTED* en español

En España, al dirigirse a una persona, usualmente se emplea el *tú,* y la forma más respetuosa, *usted.* En líneas generales, se puede decir que se tiende a restringir el uso de *usted* y ampliar el de *tú.*

Aunque *tú* es el tratamiento corriente entre familiares o entre amigos, entre las clases populares, especialmente del campo, todavía en ocasiones es frecuente que los hijos se dirijan a sus padres de *usted* (Moliner, 2008). La comunidad joven suele tutearse desde el primer encuentro. También se va extendiendo cada vez más la costumbre del *tuteo* entre personas de la misma profesión entre las que no existe diferencia notable de edad, de categoría o de posición (Kozanda, 2011).

Una persona se puede dirigir a otra en un contexto familiar tanto empleando nombre de pila y, en casos de menos intimidad, por su apellido (por ejemplo, entre compañeros de trabajo o de clase). (Kozanda, 2011: 12).

El tratamiento de *usted* sigue en numerosas ocasiones al apellido precedido de *señor* (como por ejemplo «Señor Valenzuela, usted...») o al nombre de pila precedido de *don* (como por ejemplo «Don Francisco, usted...»).

Se recurre, además, a una distinción entre *señora* (mujer casada) y *señorita* (mujer soltera), aunque la tendencia actual es a usar una u otra forma dependiendo de la edad de la interlocutora y no de su estado civil. A las mujeres casadas puede nombrárselas con el apellido del marido precedido de *señora de* en ciertos contextos, como por ejemplo en actos protocolarios (Moliner, 2008). Pero, de modo general, al dirigirse a mujeres se suele emplear su nombre de pila, solo o precedido de *doña,* según los casos. *Señora* o *señorita* sin nombre se emplean mucho intercalados como vocativo en la conversación, como se puede observar en el siguiente ejemplo: «Si usted, señor (it)a, sigue la dieta mediterránea, podrá disfrutar de una vida más saludable». Esto ocurre frecuentemente en entrevistas, lo cual supone una dificultad adicional para el intérprete que trata de transmitir la misma fuerza locucionaria, ilocucionaria y perlocucionaria en su DM.

Según Moliner (2008), el tratamiento con *don* y *doña,* seguido siempre del nombre de pila y no del apellido («Doña Sofía»), es el más respetuoso entre los ordinarios. Antiguamente su aplicación se limitaba a las personas con título nobiliario; más tarde pasó a aplicarse a los que poseían un título académico.

Algunas profesiones, como la de sacerdote o la de médico, invitan especialmente al empleo de *don* y el nombre de pila («Don Francisco»), en vez de *señor* y el apellido («Señor Alonso»).

No obstante, la expresión *señor don* («Sr. D.», en abreviatura) solamente se emplea en los encabezamientos de las cartas y en las direcciones de los sobres (Kozanda, 2011: 14).

Para dirigirse a una persona, aparte de los tratamientos corrientes de *tú* y *usted*, se puede recurrir a los de *excelencia* y *señoría,* entre otros.

Una manera extraordinariamente respetuosa de tratar consiste en nombrar a la persona a la que se dirige a través de una *sustantivización* y poner el verbo en tercera persona. A modo de ejemplo, es el caso de «la señora pregunta por el menú», «el señor está pendiente de una cita y no puede ser atendido en este momento», «la señorita indica que ya ha rellenado la solicitud para la beca», «la señora directora pone a disposición los estatutos de la sociedad», «el señor secretario tiene el siguiente horario de consulta».

Desde luego, no resulta fácil clasificar el uso de las distintas maneras de dirigirse a una persona según el grado de respeto con la que se trata. Estas formas de (des)cortesía no solo varían de una región a otra, sino también entre los distintos estratos sociales. Además, dependen también en gran medida de la desenvoltura y sociabilidad de la persona que las usa. De este modo, las especificaciones que presentamos pueden, pues, servir de orientación, pero no tienen de ningún modo valor normativo.

A continuación detallaremos las definiciones que nos proporcionan diferentes diccionarios monolingües en español acerca de *cortesía, cortés, tú, tutear, tuteo* y *usted*.

	DRAE (2001)	DUE (2008)
«cortesía»	1. f. Demostración o acto con que se manifiesta la atención, respeto o afecto que tiene alguien a otra persona. 2. f. En las cartas, expresiones de obsequio y urbanidad que se ponen antes de la firma. 3. f. cortesanía. 4. f. regalo (l dádiva). 5. f. En el giro, días que se concedían a quien había de pagar una letra, después del vencimiento. 6. f. Gracia o merced. 7. f. tratamiento (l título de cortesía). 8. f. Impr. Hoja, página o parte de ella que se deja en blanco en algunos impresos, entre dos capítulos o al principio de ellos.	1. f. Cualidad de cortés. 2. Conjunto de reglas mantenidas en el trato social, con las que las personas se muestran entre si consideración y respeto. 'Trata a todos con cortesía'.
«cortés»	1. adj. Atento, comedido, afable, urbano.	Aplicado a personas y, correspondientemente, a sus palabras y a su comportamiento, guardador de las normas establecidas para el trato social: 'Un hombre cortés. Un saludo cortés'.
«tú»	1. pron. person. Formas de nominativo y vocativo de 2.ª persona singular en masculino y femenino. tratarse de ~ dos o más personas. 1. loc. verb. Ser de análogo nivel cultural, de conductas o éticas parecidas, etc. U. m. en sent. peyor.	Pron. pers. Designa a la persona a quien se habla cuando no se le da otro tratamiento de más respeto. «Tú por tú». Expresión con que se describe la manera de tratarse dos personas cuando se tutean o cuando ninguna de ellas guarda o tiene por qué guardar deferencia a la otra.
«tutear»	1. tr. Hablar a alguien empleando el pronombre de segunda persona. Con su uso se borran todos los tratamientos de cortesía y de respeto. U. t. c. prnl.	(Imitado del fr. «tutoyer», deriv. De «tu»; v. «tú».) Dirigirse a una persona, cuando se habla con ella, empleando el pronombre *tú* y no *usted*. También recíproco.
«tuteo»	1. m. Acción y efecto de tutear.	Acción de tutear[se].
«usted»	1. pron. person. Forma de 2.ª persona usada por tú como tratamiento de cortesía, respeto o distanciamiento.	Pron. pers. Se emplea para dirigirse a una persona con quien se habla, cuando no se la llama *tú* o con algún tratamiento especial. Notas de uso: El singular *usted* se emplea en general, tanto en España como en América, como tratamiento formal en mayor o menor grado. Valor semejante tiene *ustedes* en la mayor parte de España. Sin embargo, en Andalucía occidental, Canarias y en todo el territorio americano ésta es la forma única para el plural, tanto en el tratamiento formal como en el informal.

Tabla 2. Definiciones de «cortesía», «cortés», «tú», «tutear», «tuteo» y «usted» en diccionarios en español.

Puede decirse, en general, que el terreno del *trato de tú* y *de usted* en alemán, es complejo. Produce con frecuencia malentendidos y conflictos, incluso en la vida diaria.

Una alternativa para poder evitar situaciones de conflicto es el empleo impersonal y de la partícula de cortesía o del verbo en cuestión, sin ni siquiera mencionar el elemento de cortesía (es decir, el *tú* o el *usted*). En este sentido, en lugar de mencionar «¿Podrías (*tú*)/ podría (*usted*) pasarme el agua, por favor?» («*Könntest* Du/*Könnten* Sie *mir bitte das Wasser reichen?*»), resulta más idóneo «¿Podría tener el agua por favor?» («*Könnte ich das Wasser bitte haben?*») para salir del apuro, es decir, para solventar esta situación incómoda en la que nos apostamos la imágen pública («*face is emotionally invested*», Brown y Levinson, 1987).

Sin embargo, cuanto más dure la conversación, más difícil será también mantener esa estrategia impersonal, la cual además revela la inseguridad del hablante, por lo que se entorpece la interacción entre los intervinientes.

Las formas de tratamiento de los antecesores alemanes (*Du*, *Ihr*, *Er*, *Sie*) son las raices del actual sistema dual en alemán). Con respecto a la evolución histórica en alemán del tratamiento, Grimm (1898: 362) estableció una serie de reglas a seguir:[23]

- Los parientes colaterales se tutean entre sí.
- Los padres tutean a los hijos. Los hijos tratan de *Ihr* a sus padres. El hijo trata de *Ihr* a su madre. La hija trata de *Du* a su madre.
- Los padres se tratan de *Ihr*.
- Personas que se quieren utilizan el *Ihr* entre ellas, pero pasan al *trato de tú* más fácilmente.
- El subordinado trata a su superior de *Ihr* y recibe a cambio un *trato de tú* (*Du*).

---

[23] Traducción propia al español de la siguiente cita original en alemán de Grimm (1898: 362):

«-Gegenseitiges *Duzen* unter Seitenverwandten.
-Eltern duzen ihre Kinder. Der Vater wurde von seinen Kindern *geihrzt*. Die Mutter vom Sohn *geihrzt*, von der Tochter *geduzt*.
-Eltern einander *ihrzen* sich.
-Liebende verwenden das *Ihr*, gehen aber leichter in das vertraute *Du* über.
-Der Geringere gibt dem Höheren „Ihr" und erhält ein *Du* zurück.
-Zwischen Freunden und Gesellen wird *geduzt*.
-Frauen, Geistliche und Fremde werden *geihrzt*.
-Personifizierte Wesen werden vom Dichter *geihrzt*.
-Das gemeine Volk hat noch kein *Ihrzen* unter sich.
-Leidenschaftliche, bewegte Rede achtet der Sitte nicht und entzieht bald trauliches *Du*, bald höfliches *Ihr*.»

- Entre amigos y compañeros se tutea.
- Mujeres, religiosos y desconocidos se tratan de *Ihr*.
- El poeta trata de *Ihr* a sus criaturas o personajes.
- El pueblo común aún no se trata de *Ihr*.
- Un discurso apasionado y conmovedor no sigue ninguna costumbre. Unas veces se usa el acogedor *trato de tú*, y otras veces, el cortés *Ihr*.

Ahora bien, como resultado de esta larga evolución de las formas de cortesía, actualmente las dos maneras usuales de nombrar a una persona al dirigirse a ella en Alemania son la familiar, *Du* (*tú*), y la más respetuosa, *Sie*, (*usted*).

Estas dos formas de cortesía son muy importantes para la comunicación verbal. En inglés , por ejemplo, se comprimen ambas formas, que se usan tanto en español como en alemán, en una: en el pronombre personal *you*.

Por lo tanto, en la lengua inglesa no se diferencian explícitamente las relaciones interpersonales *a priori*, si bien se recurre a la *t-v distinction*, por ejemplo, para expresar un tratamiento más concreto e incluso explícito.

Por consiguiente, los estadounidenses emplean los nombres de pila con mucha frecuencia, lo que representa un auténtico reto para cualquier intérprete, el cual, tendrá que estimar el grado de confianza, es decir, el tú o el usted en caso de que no pueda evadir esta toma de decisión mencionando una forma impersonal o en tercera persona, como hemos mencionado en uno de los últimos apartados (Uso del trato de *tú* y de *usted* en español).

Al haberse comprimido el inventario de formas de tratamiento a lo largo de los últimos siglos en tan sólo dos formas, se puede decir que se ha producido una pérdida de precisión idiomática, lo que explica el carácter tan polivalente de las partículas *tú* y *usted* (Kozanda, 2011: 20).

Las relaciones interpersonales, así como la jerarquía presente en el ámbito laboral, se podían explicitar en el pasado mediante el sistema pronominal. Hoy en día, sin embargo, son de importancia otros factores externos, como lo pueden ser por ejemplo la vestimenta, los modales y el comportamiento en general, para distinguir entre el uso de una forma de tratamiento u de otra.

Sorprende que el *trato de usted* (*Siezen*) todavía garantice un comportamiento cortés siendo también un signo de distanciamiento (Kozanda: 2011: 21).

Por otra parte, el *tú* es el tratamiento corriente entre las personas de la misma familia o entre amigos; buenos conocidos de los padres suelen ofrecer a sus hijos rápidamente el *tú*, por lo que estos a su vez suelen *tutearlos* desde muy pequeños. De este modo tratan de expresar su sociabilidad para incentivar la confianza de una manera recíproca (Moliner, 2008).

Pero no todas las personas que se *tutean* tienen necesariamente una relación de amistad. En muchas ocasiones se emplea el *tú* para acentuar o resaltar un mejor clima laboral, mostrando de esta manera una actitud solidaria, esto es, los compañeros se tutean sin ni siquiera haber quedado en privado antes. A este respecto, Ballesteros Martín (2001: 181) menciona en este respecto que si dos personas que se conocen poco o nada han quedado para comer, por ejemplo, han pasado a tener una relación más bien cercana en lugar de distante.

También se puede hablar de un comportamiento normal cuando adolescentes se tutean entre si lo cual, hace medio siglo se podía igualar con una revolución, puesto que, durante los años sesenta, los estudiantes se debían tratar de usted. Sorprendentemente, en 1968 se produjo la llamada *oleada del tú (Duz-Welle)*, a la cual Besch (1996: 20) describe como un movimiento estudiantil que desencadenó fuertes agitaciones intencionadas de los universitarios en 1968, y que tenía como objetivo la eliminación de jerarquías.

En conclusión, resumir de una manera compleja y científica el actual sistema binario de tratamiento a una persona al dirigirse a ella es, desde nuestro punto de vista, prácticamente imposible, puesto que cada individuo tiene una concepción propia y distinta de su conducta, condicionada por la situación (Kozanda, 2011: 22). Se podrían establecer ciertas pautas sobre en qué momentos se debería emplear el tratamiento de usted por ejemplo, pero en la vida diaria cada persona decide por sí misma acerca de qué pronombre emplear a la hora de dirigirse a otra persona, dependiendo esto último de una gran cantidad de factores adyacentes.

Esto es, en muchas situaciones se encuentran almacenadas en un nivel intuitivo e instintivo y sólo difícilmente se dejan concebir en reglas generales.

2.3.4. Definiciones en diccionarios en alemán de *cortesía, cortés, tú, tutear, tuteo* y *usted*

A continuación, presentaremos las definiciones que nos proporcionan diferentes diccionarios monolingües en alemán acerca de *cortesía (Höflichkeit), cortés (Höflich), tú (Du), tutear/tuteo (Duzen)*, y *usted (Sie)*.

	DUDEN (2012)
«cortesía» *«Höflichkeit»*	1. höfliches, gesittetes Benehmen; Zuvorkommenheit 2. in höfliche, jemandem schmeichelnde Worte gekleidete, freundlich-unverbindliche Liebenswürdigkeit, die jemand einem anderen sagt
«cortés» «höflich»	(in seinem Verhalten anderen Menschen gegenüber) aufmerksam und rücksichtsvoll, so, wie es die Umgangsformen gebieten
«tú» «Du»	1. Anrede an verwandte oder vertraute Personen und an Kinder, an Gott oder göttliche Wesenheiten, gelegentlich noch an Untergebene, personifizierend an Dinge und Abstrakta 2. (umgangssprachlich) man
«tutear»/«tuteo» «Duzen»	Mit Du anreden
«usted» «Sie»	Regel 84 (Höflichkeitsanrede an eine Person oder mehrere Personen gleich welchen Geschlechts:) kommen Sie bitte!; jemanden mit Sie anreden; [Regel 76]: das steife Sie; (veraltete Anrede an eine Person weiblichen Geschlechts:) höre Sie! [Regel 85] Regel 76: 1. Als Substantive gebrauchte Pronomen (Fürwörter) schreibt man groß <§ 57 (3)>. (Meist steht in diesen Fällen ein Artikel.) • jemandem das Du anbieten • ein gewisser Jemand • Der Hund ist eine Sie. Regel 84: 1. Die Höflichkeitsanrede „Sie" und das entsprechende Possessivpronomen „Ihr" werden immer großgeschrieben <§ 65>. • Haben Sie alles besorgen können? • Wie geht es Ihnen und Ihren Kindern? • Mit Ihrer Tochter ist unsere Personalabteilung sehr zufrieden.

Tabla 3. Definiciones de «cortesía» (*Höflichkeit*), «cortés» (*höflich*), «tú» (*Du*), «tutear», «tuteo» (*Duzen*) y «usted» (*Sie*) en diccionarios en alemán.

Con todo ello, procederemos a continuación con los aspectos metodológicos de nuestro trabajo.

3. METODOLOGÍA

3.1. DESCRIPCIÓN Y JUSTIFICACIÓN DEL CORPUS

3.1.1. DESCRIPCIÓN DEL CORPUS: EL ESTUDIO DE ENTREVISTAS

El corpus se basa en el estudio de cuatro entrevistas. Dos de ellas en español y las otras dos en alemán.

Para facilitar la distinción entre las entrevistas hemos decidido abreviarlas según su contexto comunicativo (*a priori*) y la correspondiente lengua. Nos encontramos por lo tanto cuatro entrevistas, que son las siguientes:

TÍTULO DE LA ENTREVISTA	ABREVIATURA EN EL PRESENTE ESTUDIO
Entrevista a actor en español	ACT ES
Entrevista a actor en alemán	ACT DE
Entrevista a deportista en español	SPO ES
Entrevista a deportista en alemán	SPO DE

Tabla 4. Relación de entrevistas estudiadas, con sus respectivas abreviaturas.

El corpus se encuentra transcrito en el anexo de este trabajo para facilitar la detección de los elementos de cortesía que caracterizan el *trato de tú* y el *trato de usted* de una forma más cómoda. Del mismo modo, la transcripción cuida los derechos de autor.

3.1.2. JUSTIFICACIÓN DEL CORPUS

La razón principal por la que hemos considerado entrevistas (en televisión) ha sido la visualización de dichas entrevistas. Es decir, para los aspectos de la cortesía relacionados con la distancia, por ejemplo, el método visual resulta ser de gran utilidad, mientras que un método estrictamente auditivo limitaría los resultados.

Somos conscientes de las dificultades que conlleva una comparación debido a ciertas externalidades, como es el caso en nuestro estudio. Entre estas se encuentran los distintos (perfiles de los) interlocutores cuya comparación, ya de por si, supone un auténtico desafío, así como las diferencias en la situación comunicativa y la duración de las entrevistas, entre otros.

En función de ello, hemos seleccionado las entrevistas según los criterios que se muestran en el siguiente epígrafe.

3.1.3. CRITERIOS DE SELECCIÓN DE LAS ENTREVISTAS

De cara al análisis contrastivo que proponemos resulta de suma importancia que las entrevistas seleccionadas sean comparables, en líneas muy generales. Pero, como una situación perfectamente controlada es apenas posible, hemos seguido unos criterios de selección para poder llegar a unos resultados factibles *a posteriori*.

Somos conscientes de que un estudio controlado de la esencia de nuestro trabajo implica numerosas externalidades de distinta índole que influyen en la comunicación en general, y en las entrevistas que estudiamos, en particular.

Por esta razón, el estudio cuantitativo contrastivo de las manifestaciones de cortesía *tú* y *usted* nos pareció especialmente conveniente, puesto que nos permite acercarnos a unas conclusiones. No obstante, se deja entrever que nuestros resultados y sus respectivas conclusiones no pueden ser representativos, si bien un trabajo de profundo calado en el ámbito de la investigación basado en lo que proponemos sí que puede resultar en conclusiones plausibles y, desde luego, aplicables y representativas.

Los criterios de selección que hemos seguido son los siguientes:

• Hemos seleccionado entrevistas emitidas en los medios de comunicación.
• Hemos seleccionado entrevistas en las que los entrevistados son de sexo masculino.
• Hemos seleccionado dos deportistas que practican el mismo deporte.
• Hemos seleccionado dos actores prestigiosos a nivel internacional.
• Hemos optado por entrevistas en las que no participan más de dos interlocutores para evitar solapamientos y realizar un estudio más claro y transparente en este sentido.

3.2. MATERIAL Y MÉTODO

3.2.1. MATERIAL

3.2.1.1. CONTEXTO COMUNICATIVO

El material que emplearemos para el desarrollo de nuestro acercamiento a una investigación son entrevistas en televisión en español y alemán. Nos encontramos con contextos comunicativos difíciles de determinar, ya que el objeto de las entrevistas varía en función del enfoque de las mismas por parte del entrevistador y del entrevistado. Si hubiera que atribuir un contexto en concreto, serían dos los contextos comunicativos en los que tiene lugar la interacción: el contexto comunicativo del cine (entrevista a actor) y del deporte (entrevista a deportista).

3.2.1.2. PERFIL DE LAS ENTREVISTAS

El perfil de las entrevistas se caracteriza por una serie de factores que no solo influyen en la conversación, sino también en la interpretación, si esta tuviera lugar. Entre estos factores se pueden encontrar los que se encuentran representados en la siguiente tabla:

FACTORES QUE CARACTERIZAN EL PERFIL DE LAS ENTREVISTAS ESTUDIADAS
El entrevistador
El entrevistado
El número de interlocutores
El país en el que tiene lugar la entrevista
Idioma que se emplea durante la entrevista
Duración
Posible visualización de la fuente original
Distancia interpersonal aproximada entre el entrevistador y el entrevistado

Tabla 5. Relación de factores que caracterizan el perfil de las entrevistas estudiadas.

Como se puede observar, en esta tabla se reflejan algunos factores adyacentes que caracterizan el perfil de las entrevistas de nuestro estudio.

Por una parte, el entrevistador puede influir en la conversación, puesto que actúa de una forma dominante en la comunicación entre los interlocutores; él hace las preguntas.

Por otra parte, el entrevistado es quien responde a las preguntas, por lo que se limita su libertad de actuación en cierta medida, esto es, la formulación de las preguntas tiene un efecto sobre las respuestas del entrevistado.

En la tabla 5 también se muestra otro factor crucial, el número de interlocutores que se encuentran en la situación comunicativa. Efectivamente, cabe la posibilidad de que, desde un punto de vista pragmático, se produzca un cambio de rumbo en las negociaciones y/o percepciones del *face* debido a la participación de más de dos personas en la comunicación.

En este respecto, Brown y Levinson (1987) sostienen que la imagen pública es algo que se invierte emocionalmente[24], y las emociones pueden cambiar según el número de personas que se encuentran implicadas en una entrevista o en un debate. A modo de ejemplo, es el caso de una discusión que puede surgir entre varios entrevistados que están en desacuerdo.

El país en el que tiene lugar la entrevista, sin duda, es otro factor que caracteriza el perfil de la entrevista. El receptor del mensaje, es decir, público meta puede esperar ciertas convenciones que pueden ser respetadas por el interlocutor si conoce la CM. Este caso es relativamente frecuente en los países de habla germana, nos referimos en particular a Austria, Suiza y Alemania.

Por consiguiente, el idioma que se emplea durante la entrevista, que no tiene por qué ser la lengua materna del interlocutor o del entrevistado, determina el perfil de la entrevista también. En una entrevista que analizamos en nuestro estudio se denota este detalle de una forma clara (entrevista a actor en alemán), puesto que durante el transcurso de la misma se recurre a otro idioma, el inglés.

---

[24] Traducción al español de la siguiente cita original en inglés de Brown y Levinson (1987): «Face is something that is emotionally invested».

La duración de la entrevista manifiesta otro factor influyente, ya no solo desde el aspecto metodológico (intentando adaptar la duración de las entrevistas para poder llegar en el caso ideal a la presentación de resultados comparables) sino también desde un ángulo de visión pragmático. En efecto, la concentración de los interlocutores se minimiza cuanto más se alarga la entrevista.

De forma análoga, un estudiante no presta la misma atención al comienzo de una clase de dos horas de duración que al final. Extrapolando este aspecto (la concentración) a la interpretación, existen estudios experimentales que, hace décadas, ya demostraron que un intérprete simultáneo profesional se encuentra en un estado cercano al *delirium* cuando la labor de interpretación se presta durante más de una hora (seguida).

La posible grabación audio, como también detallaremos en el siguiente apartado (3.1.2. Justificación del corpus) es importante, ya que puede acarrear una infracción contra los derechos de autor. Además, tiene otro inconveniente que, en parte, es responsable de nuestro interés por entrevistas emitidas en medios de comunicación: la visualización de dichas entrevistas. Es decir, para los aspectos de la cortesía relacionados con la distancia, por ejemplo, el método visual resulta ser de gran utilidad, mientras que un método estrictamente auditivo limitaría los resultados.

La inconveniencia de la grabación audio justifica el siguiente factor: la (posible) visualización de la fuente original. Sin embargo, no siempre se produce una visualización de las entrevistas, como por ejemplo en aquellas emitidas en la radio aunque, en caso de que se pueda consultar, hemos procedido a mostrar la fuente para su consulta.

Otro factor decisivo que influye en la entrevista y que, de este modo, la caracteriza, es la distancia interpersonal entre el entrevistador y el entrevistado. No nos hemos parado a realizar esta medición en el mismo lugar, se trata de una aproximación.

Esto es, la visibilidad, la distancia y el poder tienen una fuerte relevancia dentro del perfil de una entrevista (Kozanda, 2011: 11). La distancia física que se produce en la comunicación entre en las partes implicadas en la entrevista, por ejemplo en una interpretación de enlace (interlocutor, intérprete, interlocutor), viene ligada a conceptos como visibilidad, distancia y poder (Kozanda 2011: 11). El intérprete, durante una interpretación de enlace, se encuentra inmerso físicamente en la situación comunicativa.

En cuanto a la *visibilidad*, Collados y Fernández Sánchez (2001: 63) sostienen que mientras que en la interpretación simultánea (en adelante, IS) se percibe al intérprete únicamente como «voz» e incluso, en ocasiones, como parte del equipamiento técnico, en la interpretación bilateral es percibido como «intérprete persona».

A este respecto, Collados (1998: 243) afirma que la visibilidad del intérprete contribuye a una mejor comprensión de su papel y a una mayor valoración de su trabajo.

En una interpretación bilateral, además, cabe la posibilidad de pedir aclaraciones a los interlocutores, lo cual sería imposible en una interpretación simultánea desde una cabina, teniendo en cuenta la *distancia física* entre los interlocutores y el intérprete.

Esta presencia física del intérprete en una situación de interpretación de enlace, por ejemplo, nos lleva a otro concepto de difícil definición: «distancia social». En este sentido, Ballesteros Martín (2001: 181) califica una relación de distante, cuando los interlocutores no pasan de intercambiar una conversación fática, por ejemplo, un breve saludo o breves comentarios sobre el tiempo.

Por el contrario, se refiere a una relación no distante, cuando los interlocutores se han reunido al menos una vez para comer o beber juntos.

Para Bourne (2003: 142), la distancia social deja de existir cuando los personajes han interactuado al menos una vez de forma dinámica. Por ejemplo, pasar una o dos veces a la semana por el supermercado no es en sí suficiente para superar una relación de distancia con la carnicera, ya que los intercambios en esta clase de situaciones son, en gran medida, convencionales y rutinarios (Bourne 2003: 142).

Las relaciones de poder, las entiende Briz Gómez (1998: 38) en el sentido de autoridad legítima. Esta, según este investigador, depende de la situación. Por ejemplo, en el trabajo el jefe ejerce autoridad legítima con respecto a los empleados, es decir, puede imponer su voluntad sobre ellos (Kozanda 2011: 11).

El poder es una constante en las entrevistas a político, por ejemplo. Los estudios realizados en este ámbito aplicados a la interpretación bilateral por parte de Kozanda (2011), muestran cómo se tiende a enfatizar y exteriorizar este concepto. Sin embargo, en este estudio esta tendencia al énfasis no se muestra en la misma medida, puesto que las entrevistas se realizan a actor y a deportista.

Hemos situado los mismos factores en el *postscript* de las transcripciones de las entrevistas que hemos empleado para nuestro estudio.

3.2.2. MÉTODO

3.2.2.1. TRANSCRIPCIÓN

En la parte práctica se abre un amplio abanico de posibilidades metodológicas que abarca desde la elaboración de cuestionarios que contengan preguntas abiertas y cerradas hasta la transcripción de material audiovisual[25] para poder realizar, así, un análisis cuantitativo contrastivo efectivo, por ejemplo, a través de herramientas informáticas, como *WordsmithTools*[26].

La gran ventaja del empleo de cuestionarios como fuente de recogida de datos radica en el hecho de que las preguntas cerradas serán más fáciles de homogeneizar de cara a la obtención de resultados comparables. Así bien, las preguntas abiertas nos proporcionan la libertad de poder salir del marco y considerar aspectos adyacentes que, desde luego, pueden servir para llevar a cabo un estudio aún más completo.

A pesar de estas ventajas, son algunos inconvenientes los que nos incitan a optar por la transcripción del material: la falta de recursos económicos para llevar a cabo una metodología de este tipo (preguntas abiertas a través de entrevistas en persona), el margen de este trabajo y la falta de disponibilidad de sujetos, especialmente en el mundo de la Interpretación. El análisis cuantitativo contrastivo que describimos a continuación se centra en el estudio de las siguientes formas de cortesía: el *tratamiento de tú* y el *tratamiento de usted* en entrevistas con (supuestamente) mayor grado de formalidad (a actor) y menor grado de formalidad (a deportista).

---

[25] Nos referimos a material audiovisual emitido en los medios de comunicación, no a grabaciones de entrevistas con personas, cuyos perfiles encajen con las directrices de nuestra investigación.

[26] Disponible en http://www.lexically.net/wordsmith/

En el análisis establecemos los mismos parámetros para ambas combinaciones de entrevistas, con el fin de posibilitar diversas comparaciones para ver si se cumplen o no las hipótesis. Estas hipótesis, que se presumen en función de la entrevista, se van a cumplir en unos casos totalmente, en otros nada y en otros en parte.

Los parámetros serán aplicados a todas las entrevistas en cuestión y el análisis tendrá en cuenta las siguientes entrevistas y parámetros:

ABREVIATURA DE LA ENTREVISTA	PARÁMETRO
ACT ES ACT DE SPO ES SPO DE	Uso directo del tú Uso indirecto del tú Uso de nombramiento con nombre completo o de pila Uso directo del usted Uso indirecto del usted Uso de nombramiento con cargo

Tabla 6. Parámetros empleados para el análisis de las entrevistas estudiadas.

Como se puede observar en esta tabla, son seis los parámetros que se van a tener en cuenta para detectar si las hipótesis de trabajo se van a cumplir o no.

En cuanto a nuestra primera hipótesis, «los interlocutores se tratan de *tú* en las entrevistas de menor grado de formalidad», serán especialmente relevantes los parámetros «uso directo del *tú*», «uso indirecto del *tú*» y «uso de nombramiento con nombre de pila». Referente a nuestra segunda hipótesis, «los interlocutores se tratan de *usted* en las entrevistas de mayor grado de formalidad» tendrán sobre todo importancia los parámetros «uso directo del *usted*», «uso indirecto del *usted*» y «uso de nombramiento con cargo».

3.3. PRESENTACIÓN DE LOS RESULTADOS: SISTEMA DE CODIFICACIÓN, TABLAS Y EJEMPLIFICACIÓN

3.3.1. FORMATO

Los resultados, es decir, el análisis cuantitativo-contrastivo en su esencia, serán presentados en el siguiente formato:

	A	B	C	D	E	F
ACT ES						
ACT DE						
SPO ES						
SPO DE						

Tabla 7. Formato de los resultados del análisis cuantitativo contrastivo de las distintas entrevistas según los parámetros establecidos.

3.3.2. CODIFICACIÓN

En cuanto a la codificación, la tabla 7 también refleja los distintos parámetros representados desde la letra A hasta la F, donde A hace referencia a «uso directo del *tú*», B a «uso indirecto del *tú*», C a «uso de nombramiento con nombre completo o de pila», D a «uso directo del *usted*», E a «uso indirecto del *usted*» y F a «uso de nombramiento con cargo».

3.3.3. EJEMPLIFICACIÓN

A continuación mostraremos un ejemplo con el fin de facilitar la comprensión de cómo se presentarán los resultados:

	A	B	C	D	E	F
ACT ES						
ACT DE						
SPO ES	18					
SPO DE						

Tabla 8. Ejemplo de un resultado del análisis cuantitativo contrastivo de las distintas entrevistas según los parámetros establecidos.

A través del formato y la codificación adoptados podemos deducir que en la entrevista a deportista en español (ACT ES) se hallan 18 manifestaciones de cortesía que expresan un *tratamiento de tú directo*. Se trata de un indicador que puede favorecer el cumplimiento de la primera hipótesis de trabajo («Los interlocutores se tratan de *tú* en las entrevistas de menor grado de formalidad»). Resaltamos que este dato (18) es ficticio, puesto que en este apartado tratamos de ejemplificar el análisis, cuyos resultados tratamos de mostrar en el siguiente apartado.

4. RESULTADOS Y DISCUSIÓN

4.1. RESULTADOS

4.1.1. COMPARACIÓN GLOBAL DE LOS RESULTADOS

Los resultados de este estudio permiten responder a las hipótesis planteadas de forma breve en la Introducción. A continuación, presentamos los hallazgos que han resultado del análisis llevado a cabo:

	A	B	C	D	E	F
ACT ES	7					
ACT DE	53	9	1			
SPO ES	38	4	1			
SPO DE		1	2	26	7	

Tabla 9. Comparación global de los resultados del análisis cuantitativo contrastivo de las distintas entrevistas según los parámetros

Esta tabla refleja que la primera hipótesis («Los interlocutores se tratan de *tú* en las entrevistas de menor grado de formalidad», en SPO ES y SPO DE) se ha visto cumplida. Sin embargo, la segunda hipótesis («Los interlocutores se tratan de *usted* en las entrevistas de mayor grado de formalidad», en ACT ES y ACT DE) no se ha confirmado.

4.1.2. RESULTADOS DE LA PRIMERA HIPÓTESIS: «LOS INTERLOCUTORES SE TRATAN DE *TÚ* EN LAS ENTREVISTAS CON MENOR GRADO DE FORMALIDAD»

Para verificar si la primera hipótesis se ha visto cumplida, teníamos en cuenta especialmente los parámetros A («uso directo del *tú*»), B («uso indirecto del *tú*»), y C («uso de nombramiento con nombre completo de pila»). La siguiente gráfica trata de visualizar el cumplimiento de la primera hipótesis planteada:

Figura 5. Hipótesis 1: «Los interlocutores se tratan de «tú» en las entrevistas de menor grado de formalidad»

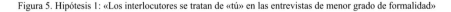
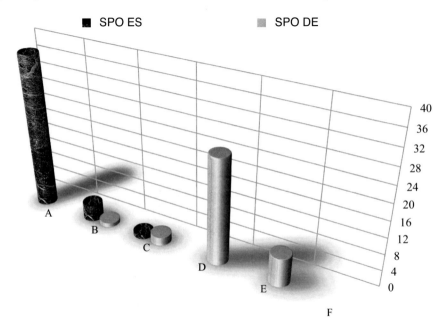

Esta gráfica muestra que la primera hipótesis («Los interlocutores se tratan de *tú* en las entrevistas de menor grado de formalidad», en SPO ES y SPO DE) se cumple. En este respecto, los parámetros A, B y C («uso directo del *tú*», «uso indirecto del *tú*» y «uso de nombramiento con nombre completo de pila», respectivamente) indican claramente que se produce un *tratamiento de tú* tanto en la entrevista SPO ES como en la SPO DE.

4.1.3. RESULTADOS DE LA SEGUNDA HIPÓTESIS: «LOS INTERLOCUTORES SE TRATAN DE *USTED* EN LAS ENTREVISTAS CON MENOR GRADO DE FORMALIDAD»

En lo relativo a la segunda hipótesis de trabajo, tomábamos en cuenta especialmente los parámetros D («uso directo del *usted*»), E («uso indirecto del *usted*») y F («uso de nombramiento con cargo»). Esta hipótesis no se ha cumplido, como se puede observar en la siguiente gráfica:

Esta gráfica refleja que la segunda hipótesis («Los interlocutores se tratan de *usted* en las entrevistas de mayor grado de formalidad», en ACT ES y ACT DE) no se cumple. En este respecto, los parámetros D, E y F («uso directo del *usted*», «uso indirecto del *usted*» y «uso de nombramiento con cargo», respectivamente) indican claramente que no se produce un *tratamiento de usted* ni en la entrevista ACT ES, ni en la ACT DE.

Figura 6. Hipótesis 2: «Los interlocutores se tratan de «usted» en las entrevistas de mayor grado de formalidad»

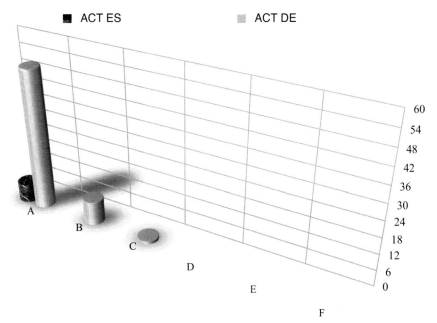

Por un lado, en las entrevistas con supuestamente mayor grado de formalidad (ACT ES y ACT DE) existe una clara tendencia al uso de manifestaciones de cortesía que se refieren a un trato más bien cercano, como lo es el *tuteo* directo, el *tuteo* indirecto y el nombramiento por nombre de pila y, a veces, completo. Como consecuencia de este hallazgo, no se ha visto cumplida la hipótesis planteada, ya que no consta ni una sola manifestación de cortesía que exprese distancia, por ejemplo, en ninguna de las dos entrevistas en cuestión (ACT ES y ACT DE). Además, para rematar el dato anterior, se ha detectado un sinfín de manifestaciones de cortesía que expresan *tuteo* directo, *tuteo* indirecto y nombramiento por nombre de pila y, a veces, completo (70 en total). Este escenario abre un margen de especulación inmenso. La tendencia hacia el trato más familiar de *tú* se impone cada vez más (Moliner, 2008) y, probablemente, este hallazgo sea fruto de ello. Además, la fuerte tendencia hacia el uso de este tipo de tratamiento entre personas jóvenes y de mediana edad (Moliner, 2008) puede representar otro factor crucial que justifique este resultado que se ha obtenido a través del estudio que hemos llevado a cabo. Este hallazgo, además contrarresta fuertemente el estereotipo tan común de la comunidad germanoparlante, calificada en muchas ocasiones como fría y distante. En este sentido, las implicaciones para la labor del intérprete son inmediatas. Si este, conducido por estereotipos y prejuicios o por desconocimiento del contexto comunicativo y de los interlocutores, se ha preparado para una entrevista supuestamente formal, se puede quedar muy sorprendido por el uso del tratamiento más bien familiar que emplean los participantes, lo que puede llevar consigo un aumento del desfase que, a su vez, puede llevar a una pérdida de información por parte del intérprete, evidentemente con sus respectivas consecuencias en el DM.

Por otro lado, en las entrevistas con supuestamente menor grado de formalidad (SPO ES y SPO DE) también aparecen manifestaciones de cortesía que se refieren a un trato más bien cercano, como lo es el *tuteo* indirecto y el nombramiento por nombre de pila y, a veces, completo. No obstante, destaca el número de partículas de cortesía relacionadas con el *trato de usted* que, en el caso de la entrevista SPO DE, son las que aparecen con mayor frecuencia (33 veces). En este respecto, en la entrevista SPO DE resulta sorprendente que los interlocutores se traten de un modo más formal que en la entrevista SPO ES, en la que, de hecho, no consta ni un solo elemento de cortesía relacionado con el *trato de usted*. Este hallazgo refleja en líneas muy generales (y para nada representativas) que en la cultura española no necesariamente se recurre al uso de un registro (más) formal en este tipo de entrevistas (pertenecientes al contexto comunicativo del mundo del deporte, *a priori*, menos formal). Sin embargo, la comunidad germanoparlante sí que parece atribuirle una gran importancia al uso del *trato de usted* (33 manifestaciones en total), si bien el *trato de tú* (3 manifestaciones en total) no cae en desuso alguno. Otro resultado que se cristaliza en nuestro análisis de la entrevista SPO DE es el gran número de manifestaciones de cortesía que muestran impersonalidad, como por ejemplo en «Du gibst halt einfach alles» («lo das todo»). Este uso impersonal que no hemos computado como un tuteo directo se repite 16 veces en total. En cuanto a las implicaciones para el intérprete, estas son inmediatas también, pues se ve confrontado con expresiones coloquiales y, sobre todo, con manifestaciones de cortesía que expresan *tuteo* directo, *tuteo* indirecto y nombramiento por nombre de pila (y, a veces, completo).

4.2. DISCUSIÓN

En esta discusión de los resultados respondemos a los objetivos y a las hipótesis planteadas.

Se han marcado tanto objetivos generales como específicos.

El objetivo general, «llamar la atención acerca de la relevancia de los Estudios de cortesía en Interpretación para abrir el camino hacia una línea de investigación innovadora», se ha visto cumplido.

Los objetivos específicos, «realizar una fundamentación teórica (parte teórica)» y «analizar de forma cuantitativa y contrastiva los planteamientos que formulamos a modo de hipótesis (parte práctica)», también se han llevado a cabo.

Con respecto a nuestras hipótesis de trabajo, los resultados obtenidos de nuestro análisis indican que existen diferencias en el uso de partículas de cortesía, más concretamente en el empleo del *tú* y del *usted*, en entrevistas de medios de comunicación en español y alemán.

Esto tiene implicaciones en la labor del intérprete, sobre todo en el proceso de toma de decisiones, que en IS ha de ser de inmediato.

En este sentido, ¿por qué elemento de cortesía se decanta el intérprete en una interpretación del español al alemán o viceversa en un contexto y momento determinados?

Aunque, como ya habíamos indicado en la parte teórica de este estudio, no exista una regla universal acerca del uso de una determinada forma de tratamiento, los resultados, tanto de la primera hipótesis, «Los interlocutores se tratan de *tú* en las entrevistas de menor grado de formalidad», como de la segunda «Los interlocutores se tratan de *usted* en las entrevistas de mayor grado de formalidad», indican que el intérprete ha de adaptarse según unas convenciones determinadas a su encargo.

A primera vista, este punto convergente, que resulta de la contrastación de las hipótesis planteadas, puede parecer obvio. No obstante, representa las dos caras de una misma moneda. Si bien un gran número de la comunidad de intérpretes realiza esa adaptación, otro gran número no realiza ese esfuerzo que, como hemos mencionado a lo largo de este trabajo, puede ser determinante.

Los resultados obtenidos muestran que existe una clara tendencia a *tutear* tanto en entrevistas informales como en entrevistas formales. En el caso de la entrevista ACT DE, en la que *a priori* se esperaba una categorización formal, sorprendentemente se observó que se recurría prácticamente solo al *tuteo*, un claro indicador de cercanía que muestra menos formalidad.

Además, en la misma entrevista (ACT DE) se pone de manifiesto un hecho relativamente recurrente: la aparición de una partícula dubitativa antes de las partículas de cortesía que en este estudio tratamos. A modo de ejemplo, se trata del tan típico «ehm» ante *tú* o *usted.* Una posible razón por la frecuente aparición de esta estructura puede ser la breve reflexión que realiza el interlocutor en microsegundos, tratando de elegir la opción más factible, ya sea cualquiera de los parámetros que indicamos en este estudio.

En la entrevista SPO DE sorprende el elemento de cortesía «euch», que expresa un claro *tuteo indirecto.* Lo lógico habría sido emplear «Ihnen», pues se ha recurrido en la misma entrevista en numerosas ocasiones al *trato de usted* directo. Por algún motivo que desconocemos, el entrevistador ha recurrido a esta partícula de cortesía en lugar de a la otra. Desde nuestro punto de vista, el intérprete ha de reflejar esa manifestación en el DM, pues transmite información relevante.

Nuestros modestos resultados muestran precisamente esa falta de universalidad del uso de manifestaciones de cortesía (y, especialmente el *tú* y el *usted*) válidas en todo tipo de situaciones, lo que hace de esta línea de trabajo un ámbito prometedor en el que investigar, sobre todo aplicado a las distintas técnicas y modalidades de Interpretación, donde la ocurrencia de este tipo de partículas está al orden del día.

En este apartado quisiéramos hacer mención también a la visualización de las entrevistas que ya hemos señalado en el apartado 3.1.2. Tal vez la distancia interpersonal juegue un papel importante en una conversación, pues una distancia física podría causar un trato más formal, mientras que una cercanía física podría ocasionar el efecto reverso. Por desgracia, en nuestro objeto de estudio no se han realizado aún estudios de esta índole, por lo que se trata de un territorio que explorar. Pero, la ventaja de analizar entrevistas que se pueden percibir de forma visual es precisamente la posibilidad de observar cómo es la presencia de los interlocutores. En el caso de nuestras entrevistas, la distancia es, sin duda, mínima. Tanto en las entrevistas ACT ES y ACT DE como en las entrevistas SPO ES y SPO DE la distancia permite una conversación cara a cara, sin micrófono (para que se puedan entender los propios interlocutores). Este indicador no verbal de cercanía es una razón por la que no hemos optado por entrevistas en formato audio. Otra razón es la influencia del lenguaje no verbal en el desarrollo de la conversación. Por desgracia, tampoco se dejan encontrar demasiados estudios que traten el lenguaje no verbal en entrevistas de los contextos comunicativos *cine* y *deporte* en español y alemán aplicados a la interpretación, si bien nuestro pequeño estudio refleja claramente que en las entrevistas en alemán (ACT DE y SPO ES) apenas se observa lenguaje corporal o gestos. Sin embargo, en las entrevistas en español (ACT ES y SPO ES), sí que se deja entrever una mayor exteriorización del lenguaje no verbal, pero tampoco se exagera.

4.3. LIMITACIONES

Este epígrafe trata de *aportar* a través de una actitud autocrítica por nuestra parte con respecto a nuestro propio estudio. Con el fin de derribar obstáculos en análisis contrastivos de esta envergadura, también tratamos de llamar la atención acerca de ciertas limitaciones a las que nos enfrentamos a la hora de realizar un estudio sobre entrevistas.

Así pues, en el planteamiento de este trabajo surgió la duda acerca de la duración de las entrevistas: ¿deberían todas (las entrevistas) tener la misma duración?

De cara a la obtención de resultados comparables, a primera vista esta reflexión parece factible, no obstante obligaría a cortar las entrevistas en un momento determinado que puede no ser el final lógico de la entrevista, lo que implica consecuencias como la validez del estudio.

Otra limitación supone la difícil recopilación de un corpus en el que todas las entrevistas de nuestro campo de estudio duren exactamente X minutos.

También resulta obvio que puede variar la velocidad a la que interactúan verbalmente dos interlocutores. A modo de ejemplo, en una entrevista en la que participan dos interlocutores, resultaría lógico pensar que aquel que hable más rápido, en consecuencia, manifestara más partículas de cortesía como el *tú* y el *usted*, o viceversa. Sí, efectivamente, también podría producirse un escenario en el que interlocutor 1 se expresara de una forma muy lenta, pero mostrando más elementos de cortesía (en concreto, el *tú* y el *usted*) que el interlocutor 2, cuya velocidad a la hora de hablar supera rotundamente la del interlocutor 1.

En la entrevista SPO ES se ha analizado la interpretación del inglés al español. Somos conscientes de que este detalle diferencia a esta entrevista de las demás. Más que dificultar la comparación de las entrevistas, se abre una nueva vía: hemos tratado de mostrar una nueva perspectiva, conducente al estudio de interpretaciones durante entrevistas.

Otra limitación es el vacío legal que existe en la actualidad en cuanto al uso de recursos electrónicos en internet para fines investigadores. El acceso a entrevistas que se han emitido en un principio en determinados portales de *internet* es, en la actualidad, legal. No hemos descargado material audiovisual ni hemos procedido a su distribución, si bien este aspecto tampoco esta regulado legalmente de forma universal. Es por ello, que hemos mencionado los apodos (*nicknames*) de las personas que han subido los vídeos (los que aparecían en la fecha de consulta del material audiovisual) en el *postscript* de nuestras transcripciones.

Como se puede observar en las transcripciones, también hemos utilizado los iniciales de los nombres completos de los participantes de las entrevistas para evitar así una infracción contra los derechos de autor. En este respecto, en una comunicación personal con una representante de una cadena de televisión alemana se nos ha alertado acerca del fraudulento uso de nombres de personas, que no dan su consentimiento explícito para el empleo de sus nombres para fines de investigación. Ni siquiera en las transcripciones. Según la representante, esto equivaldría a una invasión de la intimidad, comparable con echar una foto a una persona que no da su consentimiento para tal fin.

5. CONCLUSIONES Y SUGERENCIAS PARA FUTURAS LÍNEAS DE INVESTIGACIÓN

5.1. CONCLUSIONES

Una vez realizado el recorrido por los planteamientos teóricos, se procedió en la parte práctica con el análisis y la correspondiente verificación de las hipótesis. Rápidamente detectamos que evaluar o categorizar manifestaciones de cortesía supone un objetivo difícil de conseguir. Esto no solo se debe a los factores adyacentes que acompañan a estos elementos sino también a los cambios que se manifiestan en el *tratamiento de tú y de usted* entre las personas a lo largo del tiempo así como a la situación comunicativa en las que se encuentran inmersas (así bien, interpretar manifestaciones de cortesía supone un auténtico desafío para cualquier intérprete).

Este estudio nos ha llevado a una serie de observaciones y conclusiones que presentamos a continuación:

1 La realización de una interpretación, tanto en el plano profesional como en el didáctico, debería llevar añadido el estudio de los actos de habla del DO, ya no sólo para que no se pierda fuerza pragmática, sino también para (re)presentar en el DM la fuerza locucionaria, ilocucionaria y perlocucionaria que consta en el DO.

2 El intérprete asume el riesgo de provocar reacciones en el O del DM distintas a las experimentadas por los O del DO, si no adapta las manifestaciones de cortesía del DO para cumplir con las expectativas de los O del DM.

3 En cuanto a la interpretación de elementos de cortesía como el *trato de tú y de usted*, resulta de interés saber de antemano las expectativas de las personas o del público al que nos dirigimos.

4 Si el intérprete tiene en cuenta las expectativas de los O de la CM *a priori*, le podría llevar a reforzar impresiones estereotipadas, incluso de forma inconsciente (Venuti, 1998: 67).

En una interpretación es decisivo que el intérprete se haya visto confrontado, ya de antemano, a situaciones en las que manifestaciones de cortesía lingüística hayan tenido que ser transmitidas a otro idioma. La decisión final tomada por el intérprete tiene mucha influencia sobre el desarrollo de la conversación, discurso u otro tipo de encuentro entre estas personas.

Como intérpretes no debemos olvidarnos de que actuamos como atenuantes de diferencias culturales (Collados Aís y Fernández Sánchez, 2001: 69), lo que no siempre equivale a una interpretación en el sentido estricto y literal, por lo que una interpretación comunicativa o adaptada a veces resulta más apropiada (Kozanda: 2011: 2). La complejidad de la interpretación de formas de tratamiento como el *tú* y el *usted* es innegable. En este sentido, un primer paso consiste en definir el problema y en describir, discutir y analizar las posibles soluciones, y a ello esperamos que haya contribuido el presente estudio.

Este estudio aspira, además, a servir de base a futuros estudios e investigaciones. Así pues, a pesar de que consten muchos trabajos de envergadura científica en el campo de estudio en el que también se inscribe el presente trabajo, aún no se ha llegado a resolver la cuestión acerca de «qué es una interpretación idónea».

A este respecto, a modo de sugerencia, invitamos a que se lleven a cabo investigaciones que tengan en cuenta la opinión de los oyentes del producto final, es decir, de la interpretación, para poder llegar a unas conclusiones preliminares que puedan servir como base para solucionar dificultades que surgen a la hora de interpretar, entre ellas la que hemos desarrollado en estas páginas.

Un estudio cuantitativo-contrastivo de las manifestaciones de cortesía *tú* y *usted* de profundo calado que tome como objetivo el análisis de un número elevado de entrevistas permitiría obtener hallazgos representativos. En esta rica línea de investigación (Pragmática aplicada a la Interpretación) quedan muchísimos ámbitos que explorar.

Así bien, se podrían orientar futuros estudios relacionados con nuestro tema bajo el prisma Profesión, Investigación y Didáctica.

Como nota final, sugerimos también una profundización en las distintas técnicas y modalidades de Interpretación en lo que a transmisión de elementos de cortesía (y especialmente de las formas de tratamiento) se refiere, esto es, investigaciones extremadamente acotadas que constituyan contribuciones totalmente novedosas que, a su vez, limitarían la exposición a críticas, pues, entre otros factores, se trata de ámbitos muy especializados.

BIBLIOGRAFÍA

AMERICAN PSYCHOLOGICAL ASSOCIATION (2012). *Publication Manual*. Cambridge: APA.

ARUNDALE, ROBERT (2006). Face as relational and interactional: A communication framework for research on face, facework, and politeness. *Journal of Politeness Research, 2*. 193-216.

AUSTIN, JOHN LANGSHAW (1962). *How to Do Things with Words*. Oxford: Clarendon Press.

BALLESTEROS MARTÍN, MIGUEL ÁNGEL (2001). La cortesía española frente a la cortesía inglesa. Estudio pragmalingüístico de las exhortaciones impositivas. *Estudios ingleses de la Universidad Complutense*, 9. 171–207.

BESCH, WERNER (1996). *Duzen, Siezen, Titulieren*. Gotinga: Vandenhoeck & Ruprecht.

BOURNE, GEORGE JULIAN (2003). *Estudio de la traducción al español de manifestaciones de cortesía lingüística en los diálogos de novelas británicas*. Tesis doctoral. Granada: Universidad de Granada.

BRAVO, DIANA (1999). ¿Imagen «positiva» vs. imagen «negativa»? Pragmática sociocultural y componentes de *face*. *Oralia*, 2. 155–184.

BRIZ GÓMEZ, ANTONIO (1998). El *español coloquial en la conversación: esbozo de pragmática*. Barcelona: Ariel.

BROWN, PENELOPE Y LEVINSON, STEPHEN (1978). Universals in Language Usage: Politeness Phenomena. En GOODY, ESTHER (ed.) *Questions and Politeness*. Cambridge: Cambridge University Press. 56–289.

BROWN, PENELOPE Y LEVINSON, STEPHEN (1987). *Politeness. Some Universals in Language Usage*. Cambridge: Cambridge University Press.

CASTELLÓN ALCALA, HERACLIA (2000). *Los textos administrativos*. Madrid: Arco Libros S.L.

COLLADOS AÍS, ÁNGELA (1998). *La evaluación de la calidad en interpretación simultánea. La importancia de la comunicación no verbal*. Granada: Comares.

COLLADOS AÍS, ÁNGELA Y FERNÁNDEZ SÁNCHEZ, MARÍA MANUELA (2001). *Manual de Interpretación Bilateral*. Granada: Comares.

DRESING, THORSTEN Y PEHL, THORSTEN (2011). *Praxisbuch Transkription. Regelsysteme, Software und praktische Anleitungen für qualitative ForscherInnen*. Disponible en http:// www.audiotranskription.de/praxisbuch [Fecha de consulta: 2 de mayo de 2012]

DUDEN (2012). *Deutsches Universalwörterbuch*. Disponible en http://www.duden.de/ [Fecha de consulta: 9 de mayo de 2012]

EELEN, GINO (2001). *A Critique of Politness Theories*. Manchester: St. Jerome Publishing.

FRASER, BRUCE (1980). Conversational Mitigation. *Journal of Pragmatics*, 4. 341–450.

GARCÉS CONEJOS, PILAR (1991). *La ira y la cortesía: codificación lingüística del cambio social en el teatro inglés de los '60.* Tesis doctoral. Valencia: Universidad de Valencia.

GOFFMAN, ERVING (1967). *Interaction Ritual: Essays of face-to-face Behaviour.* New York: Anchor Books.

GÓMEZ MORÓN, REYES (2004). La traducción de aspectos pragmáticos en los *abstracts* de artículos de investigación: breve estudio contrastivo inglés-español. En ORTEGA ARJONILLA, EMILIO (ed.), *Panorama actual de la investigación en traducción e interpretación.* Granada: Atrio.

GRICE, PAUL HERBERT (1975). Logic and Conversation. En COLE, PETER (ed.), *Syntax and Semantics*, 3. Nueva York: Academic Press. 41–58.

GRIMM, JAKOB (1898). *Deutsche Grammatik, vierter Teil.* Gütersloh.

HAVERKATE, HENK (1994). *La cortesía verbal. Estudio pragmalingüístico.* Madrid: Gredos.

KOZANDA, DOMINIK MANFRED RICHARD (2011). *Hacia un análisis cuantitativo contrastivo del uso de las manifestaciones de cortesía lingüística «tú» y «usted» en entrevistas de medios de comunicación de la combinación lingüística alemán y español: Su importancia para la interpretación bilateral.* Hamburgo: Diplomica.

LAKOFF, ROBIN TOLMACH (1973). The Logic of Politeness or Minding your P's and Q's. *Papers from the Ninth Regional Meeting of the Chicago Linguistic Society.* Chicago: Chicago Linguistic Society. 292–305.

LEECH, GEOFFREY (1983). *Principles of Pragmatics.* Londres/Nueva York: Longman.

LORÉS SANZ, ROSA (1997). *Contribución al estudio de la equivalencia pragmática de las estrategias de cortesía lingüística en la traducción al español de textos dramáticos americanos.* Tesis doctoral. Zaragoza: Universidad de Zaragoza.

MOLINER, MARÍA (2008). *Diccionario de uso del español: edición electrónica.* Madrid: Gredos.

POSTIGO GÓMEZ, INMACULADA (2003). *Pragmática narrativa en el mensaje publicitario: la cortesía como estrategia de socialización del narrador.* Tesis doctoral. Málaga: Universidad de Málaga.

REAL ACADEMIA DE LA LENGUA ESPAÑOLA (2001). *Diccionario de la lengua española.* Madrid: Espasa.

REAL ACADEMIA DE LA LENGUA ESPAÑOLA (2010). *Ortografía de la lengua española.* Madrid: Espasa Calpe.

SEARLE, JOHN (1969). *Speech Acts: An Essay in the Philosophy of Language.* Cambridge: Cambridge University Press.

SPERBER, DAN Y WILSON, DEIRDE (1986). *Relevance: Communication and Cognition.* Cambridge: *Harvard University Press.* (segunda edición extendida: 1994)
VENUTI, LAWRENCE (1998). *The Scandals of Translation.* Londres: Routledge.

VÖLPEL, SUSANNE (1988). *Die Entwicklung und Funktion pronominaler Anredeformen.* Berlín: Pädagogisches Zentrum.

WAY, CATHERINE LOUISE (2003). *La traducción como acción social. La traducción de documentos académicos (español-inglés).* Tesis doctoral. Granada: Universidad de Granada.

XIE, CHAOQUN (2003). Book Review: *A Critique of Politeness Theories* by Gino Eelen. *Journal of Pragmatics*, 35. 811–818.

Anexo 1. Transcripción ACT DE

POSTSCRIPT ACT DE	
I	Presentadora
B	Actor (MS)
Número de interlocutores	2
País en el que tiene lugar la entrevista	Alemania
Idioma que se emplea durante la entrevista	Alemán
Duración de la entrevista	10:26 minutos
Visualización de la fuente original	Posible. Subido por 611annieeee el 21. 10. 2010. Disponible en http://www.youtube.com/watch?NR=1&feature=endscreen&v=_sZRj R-EILw [Fecha de consulta: 21 de mayo de 2012]

Tabla 10. Postscript ACT DE.

----------------------------COMIENZO (*ANFANG*)---------------------------------

I: Neben mir, MS. Hallo.

B: Hallo.

I: (Beide Gesprächsteilnehmer lachen) Ein Mann, ganz viele Persönlichkeiten und die Liste der gespielten Persönlichkeiten ist jetzt länger geworden, denn Du bist jetzt Jesus Christus. Abgedreht jetzt, oder?

B: Das ist absolut richtig, das ist korrekt. Wir haben gestern den letzten Drehtag gehabt, und jetzt sitzen wir hier schon auf Deiner Couch, in Deiner Wohnung.

I: Ist eine österreichische Komödie.

B: Das haben wir gedreht in dem Land aus dem Du ja kommst, ne, ein sehr sehr schönes Land, (B lacht) sehr viel Schnee gab es. Ja, und wir haben es in Österreich gedreht, es war sehr schön. Es war sehr, sehr, sehr, sehr schön.

I: *Der Film heisst D. Jetzt sagt man aber schon über österreichische Komödien, dass es immer so einen dunklen Touch hat, so einen schwarzen Humor Touch. Ist es bei euch auch so oder wie, ehm... zeigt sich der österreichische Humor in dem Film?*

B: Er zeigt sich alleine dadurch... dass ehm... eh... da spielt jemand mit der heisst RD, ne, den kennt man ja, da, und ehm... alleine dadurch, der spielt einen Puffbesitzer und die Geschichte geht darum, dass der Heilige Geist ist auf der Erde geblieben...

I: ...gespielt von CT...

B: ...gespielt von CT, der ist auf der Erde geblieben, um eh, so ein Musical zu machen in so einem Puff, ne, mit tschechischen Nutten, und eines Tages komm ich wieder auf die Welt am 24. Dezember und sage zu ihm: –pass auf, Alter, am 31. Dezember ist Apokalypse, da sagt er das geht nicht, da hat mein Musical Premiere, und dann überfahre ich seine Hauptdarstellerin und wir reisen die ganze Zeit mit einer Leiche durch Österreich.

I: *Chic. Kann man auch mal machen, auf jeden Fall.*

B: Dass... es macht Spass. Sollte man Zuhause nicht testen, deswegen ist es ein Film, aber es ist lustig.

I: *Hast Du Dir gefallen, als Jesus Christus?*

B: Ja, manchmal dachte ich... also mein Wunsch war immer ich sehe ein bisschen aus wie JD in *FK*, aber es war dann doch eher nur so ein bisschen M mit langen Haaren in Österreich. Aber ist auch schön.
I: *Ja.*
B: Ist auch *okay*, absolut in Ordnung, warum nicht?

I: *Wann kommt das Ganze, wann kann man das sehen?*

B: Ehm... Mitte November, Anfang Dezember.

I: Ist das nicht immer schlimm? Ihr müsst immer so lange darauf warten bis ihr das Resultat der Arbeit sehen könnt...

B: ...Bis 2020 ist es noch lange, auf jeden Fall, also es dauert noch Zeit...
I: ...aber kann man sich schon mal vormerken, also, im Kalender
B: Bitte, im November, kommt der Film...
I: 2020...
B: ...Dreifaltig... zwei Tausend... in neun Jahren (Beide Gesprächsteilnehmer lachen) kommt der... nein in diesem Jahr im November

I: Okay. Deine Eltern spielen auch wieder mit, ne?

B: Mein Vater spielt den Gottvater, wird sehr lustig werden, wir hatten gestern noch eine Szene wo er auf dem Berg sass und ich bin dann da hoch gegangen und hab gesagt «Papa höre mal zu: Wenn ich mich entscheide jemanden aufzuerwecken, dann ist das wie gesagt ganz alleine meine Entscheidung, und die hast Du zu akzeptieren, Apokalypse ist nur destruktiv (I lacht) , ja, das nützt gar nichts». Und er sagt nichts, wie es meistens bei uns dann auch so ist Zuhause, wenn wir diskutieren...
I: ...ja?
B: Es war sehr süss, mein Vater ist sehr niedlich, mein Vater ist.... er sah gestern sehr süss aus, wie er da oben in seinem Anzug sass...

I: Hört er das wohl gerne, wenn Du sagst «mein Vater ist sehr niedlich»?

B: Mir ist gestern aufgefallen, dass ich meinen Vater viel zu wenig sehe. Da habe ich mir gedacht, Mann, wie sehr ich meinen Vater eigentlich dann doch liebe ne, so man sieht seine Eltern viel zu wenig. Obwohl, Deine Mutter ist ja hier auch, ist die hier?...
I: ...ja... die ist auch da, die kommt auch mit...
B: ...wo ist Deine Mutter.
I: Winke mal schön, ja genau, eh... ja, F... ehm... bitte?
B: Ist wirklich ne *coole* Mutti...
I: ...ja!
B: Ist das wirklich Deine Mutti?

I: Ne (I lacht), die habe ich angeheuert (I lacht), ist eine Schauspielerin, die spielt nur meine coole Mutti (Beide Gesprächsteilnehmer lachen) ehm... F läuft ja auch gerade noch, ziemlich erfolgreich, was ist denn der Unterschied zu anderen deutsch-deutsch Wiedervereinigungsfilmen, dass dieser ja doch sehr erfolgreich läuft, was glaubst Du, was macht den aus?

B: Dass der Film das anhand von Amerika zeigt. Also, es spielt halt in Amerika, ne, und zwei Jungs haben so einen *Roadtrip*, und es ist einfach sehr komisch wie man Ossis... also ich finde es einfach sehr lustig wenn zwei Leute die kein englisch können von Amerika, von New York nach San Francisco irgendwie kommen müssen. Das ist schon nicht von schlechten Eltern...

I: ...ja... nicht von schlechten Eltern... Du warst aber eh... dank der Dreharbeiten zum ersten mal in Amerika, zum ersten mal, wirklich?...

B: ...ich war zum ersten mal!
I: Und, ehm... Eindruck, super, toll und Du bleibst jetzt dort.
B: Na ja nee, ich bin ja... also ich komme aus Deutschland, ich liebe mein Land, und ich werde ab und zu mal rüber fahren und da mich freuen, dass ich dann da sein kann, ne, aber ist ein schönes Land, vor allen Dingen die Natur ist auch toll, aber ich bin auch gerne Zuhause.

I: Du hast ne Agentur jetzt dort auch. Das ist ja abgefahren.
B: *That's true, I have an Agency in America.*
I: Grosser Traum of Hollywood, I mean it's amazing.
B: *I know, I know. It's the* (unverständlich) *of dreaming.*
I: (I lacht) That's funny.
B: *That was about facts.* Das müsst ihr jetzt untertiteln.
I: Ja, ja, machen wir, machen wir.
B: Ne, eh... aber ist total schön, ich freue mich da eine Agentur zu haben
I: Aber... Du machst ja jetzt auch schon viel Kram, also, DRB hat bald LA Premiere, ne?
B: Ein deutscher Film.
I: Ja, richtig (Beide Gesprächsteilnehmer lachen)
B: Ja, am 16. März haben wir im Mann's (B lacht), im Mann's Chinese Theatre die Premiere.
I: Aber da muss man sich jetzt... Das ist ja schon ein bisschen geil, also Du wirkst sehr entspannt und als ob das alles sehr relaxed wäre, aber das ist natürlich schon super, oder? Weil, das muss ja schon so... ist für viele so ein Ziel, das zu erreichen, dann...

B: ...das ist super. Aber ich freue mich halt... ich bin halt total glücklich weil, ich dachte der Film lief ja in Deutschland nicht so gut, und habe mich... freue mich jetzt, dass der da überhaupt so läuft also wann läuft man schon mal in Amerika mit einem Film, ist schon toll

I: Wie geht es denn dort jetzt so weiter? Also, mit amerikanischen Produktionen, die sich ja, hast Du schon mal gesagt, eh... stark abheben von deutschen Produktionen (I lacht). Wie geht es denn da jetzt weiter?

B: Na ja, ehm... es geht da jetzt so weiter... wir machen... man macht da so seine *Castings*, ne, das bin aber auch nicht nur ich aus dem Land so, und jetzt guckt man, irgendwann klappt vielleicht mal etwas oder vielleicht klappt auch nie etwas. Mal schauen.

I: Musst Du da jetzt nicht da wohnen, also um schnell zu dem Casting zu kommen, oder kann man das so timen *das die dann in der Zeit in der Du dort bist ganz viele Castings organisieren?*
B: Nee, Du kannst das hier *tapen...*
I: ...Ach...
B: ...das nennt sich *«tape yourself please on tape»*. Und man *taped* das dann hier mit so einem *Coach*, der amerikanisch kann und so, und dann schickt man das rüber, und dann sagen die *«do it again»* oder *«yeah, that was good»*.
I: Eh... Traumrolle?
B: Ich habe...ich... das sage ich eigentlich sehr sehr oft...
I: ...ich weiss...
B: Weil, der JD hat einfach die Rolle schon gespielt in *FK*, das ist relativ schwer, und jetzt ma... spielt er noch einen Hutmacher, ich meine Du kommst ja gar nicht mehr hinterher...
I: ...hm...
B: ...ja, der hat einfach, der kriegt wirklich einfach extremst coole Rollen
I: Ehm...
B: ...wo ich sagen würde, die hätte ich mir eigentlich auch ausgesucht.

I: Kann ja noch kommen, also der kann ja nicht immer spielen, weisst Du, der kann ja auch nicht jede Rolle spielen, und dann kommst Du ums Eck, sagst: – Ha, ha, da bin ich (I lacht)
B: Vielleicht, *who the fuck are you?*
I: (I lacht). Ja, vielleicht dann so, aber das wird schon noch, also wir glauben ja alle ganz stark an Dich... (Beide Gesprächsteilnehmer lachen)

B: ...Ich danke euch...

I: ...oder so etwas Ähnliches... ehm... Selber Filme aber auch machen. Du hast ne eigene Produktionsfirma.

B: Ja.

I: Seit 2008, ne?

B: Ja.

I: Was willst Du drehen? Welche Filme interessieren Dich?

B: Mir sind jetzt in der Finanzierung für einen Film, und zwar, drehen wir dieses Jahr wahrscheinlich einen Film, den ich selber mit einem Autoren geschrieben habe und... so krass hier sind... Guck mal... die Male...

I: ...wie, ernsthaft? Vom, vom Dreh, jetzt?

B: Ja

I: Was haben die gemacht?

B: Das ist so Wasserfarbe, das haben die draufgemalt...

I: Wäscht Du Dir nicht die Hände? Wasserfarbe geht doch voll leicht ab...

B: Ich wasche mich nie... (Beide Gesprächsteilnehmer lachen) Nee, und wir sind halt...wir drehen... wir versuchen im Herbst zu drehen...

I: Und um was dreht es sich? (Beide Gesprächsteilnehmer lachen)

B: Ist doch geil, dieses... dieses...

I: So ist er jetzt wieder...

B: Ne, eh... ehm... ne und im Mär... also es dreht sich eigentlich um so eine Emanzipationsgeschichte von Männern um die dreissig, was auch sehr lustig ist...

I: (I lacht). Give me more: Was heisst Emanzipationsgeschichte der Männer um dreissig?

B: Geht eigentlich um einen Mann, der sehr herzlich ist und verlassen wird von einer Psychotante, um dann irgendwann zu kapieren, dass es.... dass er eigentlich nicht der super harte Typ sein muss, sondern eigentlich so sein kann, wie er ist, nur jemanden finden muss, der der akzeptiert.

I: Und wann wird gedreht, wenn ihr eh... finanziert habt und eh...

B: Toi, toi, toi, wenn die Finanzierung durch ist, drehen wir hoffentlich September-Oktober.

I: Ehm... Du hast vor vier Wochen die Goldene Kamera bekommen für Deine Rolle als MRR. Hat er angerufen danach und gratuliert?

B: Nein

I: Nein?

B: Das ist richtig, stimmt, er hat mich gar nicht... Nein, er hat nicht angerufen.

I: Hat er versäumt.

B: *Scheisse...* eine....

I: Spätestens eh... eh... seit er auf jeden Fall seinen Preis, seinen Fernsehpreis abgelehnt hat, eh... eh... weiss ja jeder wie er zum Fernsehen an sich steht und eh... zum Programm an sich eher, ehm... Teilst Du diese kritische Haltung oder guckst Du gern fern und findest Du das gut?

B: Ich gucke zum Teil sehr gerne Fernsehen, was halt gut ist für Filmemacher ist, ist im Fernsehen kann man viel mehr produzieren natürlich als im Kino, ehm... aber was zum Teil auf Sendern läuft an Serien ist absoluter Schwachsinn, es gibt sehr sehr viel, also, sagen wir, unintelligentes Zeug im Fernsehen...

I: Ehm... Wahrscheinlich ausgenommen die amerikanischen Serien, weil die sind ja auch alle echt sehr, also viele sehr hochwertig, oder gibt es da eine, die Du sagst, totaler Schrott.

B: Nee, es gibt sehr hochwertige Serien. Aber, was manchmal als so läuft, so um Leute einfach nur so zu unterhalten, so etwas wie *BSF*, ich meine, das ist ja der Wahnsinn. Zum Teil ist es einfach sehr unterhaltend aber, man nimmt da gar nichts mit ne...

I: Kannst Du (unverständlich) gleich sagen, die ist ja eh da. Kannst ihr gleich sagen: «Pass auf, was da für Schrott läuft...» (Beide Gesprächsteilnehmer lachen)

B: Stimmt, Du hast recht...

I: Ich sage es ihr... (B lacht)

B: (Gesang)

I: Ich sage es Ihr nicht, bis Du weg bist.

B: *Okay*, Danke.

I: Also ich warte, bis Du ums Eck bist (Beide Gesprächsteilnehmer lachen)

B: *Okay, cool...*

I: Auf jeden Fall...

B: Und, ich, wir wohnen ja heute nicht im gleichen Hotel, deswegen ist es eigentlich ganz okay, dann kann ich es, kannst Du es ihr ja nachher sagen...

I: Ja, ja, ja, ich werde es ihr nachher stecken. Wobei Du ja selber Landwirt bist...

B: Ja.

I: Du hast einen Bauernhof!

B: Ja

I: Das ist ganz toll! Eh... warum Dich dafür entschieden? Also, viele wollen ja mittendrin eigentlich sein, ehm... Du nicht...

B: Es gab mal so eine Zeit eh... wo, in Berlin, wenn man... wenn ich... liebe es sehr gerne einmal rauszufahren, und dann wusste ich halt immer so geil, ich brauche eine Stunde nach draussen bis man irgendwo ist, wo es wirklich echt ruhig ist, und dann ist man draussen, entspannt sich den ganzen Tag, und dann die Stunde einfach wieder rein, ist dann so stressig, dass ich mir eigentlich immer draussen gedacht habe geil, wenn man jetzt hier mal so bleiben könnte, ein-zwei Tage, wäre super, und dann habe ich mich entschlossen, da so ein kleines Gehöft zu kaufen, so einen kleinen Bauernhof, und dann kann man halt einfach immer auch mal draussen bleiben und wieder in die Stadt fahren

I: Ist es auch wegen, ehm... Deiner Tochter, also auch, bewusst die Entscheidung, das man etwas anderes will?

B: Ja, es ist auch bewusst wegen meiner wunderbaren kleinen Tochter, weil das natürlich für die toll ist. Einfach so mal Stadt und Land finde ich immer gut. Kinder sollten halt auch so wissen, so... so... Fantasie, Land glaube ich ist für Kinder gut für die Fantasie auch, ne?

I: Ehm... ich sage jetzt mal Danke, weil ich weiss nämlich, dass KC gleich noch mit Dir sprechen will, ich bin ganz aufgeregt. Sagst Du ihm alles was er will von Dir so?

B: Ich sage Dir nachher auf jeden Fall Bescheid. Ich schreibe Dir einen Zettel.
I: Du hast ihn aber schon getroffen, und Du fandest ihn sehr schön.
B: Ist ein wunderschöner Mann, ja. Hat der Augen! Wirst Du ja auch gleich sehen.
I: Ja...
B: Du wirst ihn ja auch gleich im *Interview* haben...
I: Ja...
B: Und, wir können uns dann nachher nochmal über seine Augen unterhalten, weil ich sage Dir, der hat wirklich sehr sehr schöne Augen, ist ein sehr schöner Mann
I: Das guck ich mir an, vielen Dank.
B: Ich danke Dir. es war schön, dass wir uns wieder gesehen haben.
I: Ja.

B: *Good bye*

I: *(I lacht)* Good bye*?*

---FIN (*ENDE*)---

Anexo 2. Transcripción ACT ES

POSTSCRIPT ACT ES	
I	Periodista
B	Actor (JB)
Número de interlocutores	2
País en el que tiene lugar la entrevista	España
Idioma que se emplea durante la entrevista	Español
Duración de la entrevista	3:56 minutos
Visualización de la fuente original	Posible. prinzleeromero el 07. 01. 2011. Disponible en http://www.youtube.com/watch?v=FYftl-7QIwE [Fecha de consulta: 21 de mayo de 2012]

Tabla 11. Postscript ACT ES.

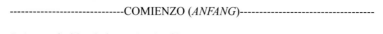

----------------------------COMIENZO (*ANFANG*)---------------------------------

I: Ante todo felicidades, qué peliculón.

B: ¿Estamos ya? Jolín. Ya.

I: Okay. Felicidades.

B: Muchas gracias.

I: Vaya película, o sea qué ternura, qué humanidad, una maravilla.

B: Gracias.

I: O sea U, yo no me puedo olvidar de U, pero cuéntanos un poco ehm... ¿Qué te ha parecido lo del premio del... de la nomina... del... del Premio del Globo de Oro? ¿Fue algo esperado?

B: ¿La nominación del... de...?

I: Sí.

B: Bien. Esas cosas siempre valen para lo que valen, que es para traer más atención para la película y poner la película en el mapa eh en, bueno pues, en una, en una además una época en la que hay tantas películas que es my difícil encontrar un hueco, por lo cual todo lo que sea traer la atención a la película, pues, ayuda, evidentemente.

I: Cuéntanos un poco el personaje de U y de la película, cuéntanos, B.

B: Pues, el personaje de U es una persona que simplemente, bueno, pues, intenta buscarse la vida como puede, es un, es un superviviente, en una circunstancia difícil social, económica, ética incluso, si se quiere decir, pero que en un momento dado de su vida se tiene que enfrentar a algo mucho más tremendo, que es la muerte, y en ese, en ese viaje no le queda más que evaluarse y sacar de él lo mejor para poder dar así algo, el legado a sus hijos.

I: Sí. ¿Y es la primera vez que trabajas con este director?

B: Es la primera vez y siempre quise trabajar con él, porque me encantan sus películas anteriores. Además, creo que tiene algo con los actores. Eh... muchísimos, muchos y grandes actores y actrices han trabajado con él antes y han hecho parte de sus mejores trabajos con él. Con lo cual, era evidente que él sería un buen director de actores. Y, tenía muchísima curiosidad y mucho deseo de estar con él compartiendo un trabajo así.

I: Y, además, en tu ciudad.

B: Además en... bueno, en Madrid, vivo en Madrid pero sí, en España, en mi idioma, en su idioma, que él también tiene ganas, lo hemos, hemos cogido este proyecto con muchísimas ganas los dos.

I: Y la última pregunta: ¿cómo podemos relacionar B *con la situación actual que se vive en Estados Unidos con en respecto a la situación invisible, digamos invisible, de la inmigración y... y... y... sin documentos, y... y... y... que esperan reformas y todo eso, cuál sería, cómo lo puedes relacionar tú, que es un tema...*

B: ...es un tema muy complejo, si es un tema de (incomprensible) es un tema del mundo, es un tema. Bueno, es quizás, en primer lugar sería, realmente entender que, muchas de esas personas son ilegales, pero que la explotación que se hace sobre ellos es legal. Si empezáramos a entender eso, es un poco de lo que habla la película eh ya entenderíamos el atropello a los derechos fundamentales de las personas. Es un poco también lo que quiere decir *B*. No es tanto sobre el escenario que hay, que es bastante social, sino la relación que hay entre las personas, lo que hace la empatía, el entender al otro. Cosa que sé que suena un poco de (incomprensible). Pero es que es la única forma de entender problemas mas graves, como es la desconexión, como es la explotación.

I: Y... ya para terminar, ¿qué te deja B*?*

B: Pues, ¿qué me deja *B*? Pues, un buen sabor de boca, un trabajo intenso, difícil, pero muy recompen... o sea, me ha recompensado mucho, muchos, muchos, en diferentes realidades.

I: Muchísimas gracias.

B: Gracias.

-------------------------------------FIN (*ENDE*)---

POSTSCRIPT SPO DE	
I	Presentador
B	Deportista (RF)
Número de interlocutores	2
País en el que tiene lugar la entrevista	Alemania
Idioma que se emplea durante la entrevista	Alemán suizo
Duración de la entrevista	9:43 minutos
Visualización de la fuente original	Posible. Subido por sc0rpiongirl el 15. 11. 2010. Disponible en http://www.youtube.com/watch?v=6rTNUFySlDk [Fecha de consulta: 21 de mayo de 2012]

Tabla 12. Postscript SPO DE.

------------------------------COMIENZO (*ANFANG*)-----------------------------------

I: Ja, als unsere Studiogäste Tickets für die heutige Sendung gekauft haben, wussten sie nicht genau, wer heute der Gast sein würde... man sieht, Sie sind, glaube ich, ziemlich zufrieden, dass Sie heute vorbeigekommen sind...

B: Freut mich...

I: ...Herr RF, und wir haben mitgezittert, was war das gestern auch wieder für ein Match gegen GM, heieiei, es hätte immer so ein Bisschen auf beide Seiten kippen können, man wusste nie so recht, Sie hatten fünf Matchbälle... und verloren dann eben doch noch... wie lange hat diese Niederlage denn jetzt noch an Ihnen genagt?

B: Ja… also irgendwie natürlich immer noch... aber nein, ich muss sagen, es war ein vergnüglicher *Match*, eh... das gibt es sehr selten... ich weiss nicht, ob ich jemals 7-6 6-7 7-6 gespielt habe... und wenn, dann ist es schon sehr lange her... aber das ist das Tolle daran, mal wieder so einen schnellen Belag zu haben... da hast Du wenig Chancen, und wenn Du sie hast... vor allem nicht auf eigenen Aufschlag, so wie ich gestern... dann verpasst Du solche Chancen halt manchmal... es war auch schade – einen Matchball hatte ich sehr gut gespielt, das hätte eigentlich reichen sollen, aber er hat sich da gut gestreckt, und...

I: Ich weiss welcher. Das ist der, den wir rausgesucht haben... jawohl, den haben wir nämlich schnell vorbereitet. Also, eine kleine Analyse müssen wir schon machen, von dieser Spielszene.

B: Heieiei. Ja, es war schade, er kam dann schnell zurück, und diese Vorhand dort von ihm, überraschend schnell... und eben, der Belag ist schnell... da hatte ich ein wenig den Gicht, und dann war er schon im Netz... (Beide Gesprächsteilnehmer lachen)

I: Ja, das kommt halt so, die Erscheinung... nach dieser intensiven Turnierzeit, die es jetzt gegeben hat...

B: Ja, es geht... also jetzt habe ich heute doch recht ein wenig Muskelkater, weil es war gestern so ein wenig eine Aufschlag-Schlacht, eigentlich in diesem Sinne, immer wieder Aufschlag, immer wieder eintörnen, immer das, immer dasselbe, und das zweieinhalb Stunden... das spürst Du dann halt einfach entweder im Oberschenkel oder in der Wade oder so... und es zwickt ein Bisschen... aber ich muss sagen, ich fühl mich eigentlich heute sehr gut, und deshalb habe ich auch gesagt, ich komme gerne... wenn ich jetzt wirklich noch Probleme gehabt hätte, dann hätte ich sehr viel Reha machen müssen... ganz früh schlafen gehen, usw... aber dem ist nicht der Fall, und deshalb sind wir sehr zufrieden.

I: Also ich hoffe, Sie können sich auch bei uns ein wenig regenerieren... von mir aus können Sie die Füsse hochlagern, wenn Sie möchten, und ein wenig Energie tanken... und natürlich, wir möchten natürlich diese Gelegenheit grad ein wenig nutzen und ein wenig aufs ganze Jahr schauen, auf die ganze Saison von Ihnen schauen... Sie sind der Weltenbummler, wir haben mal ausgerechnet, Sie sind in diesem Jahr schon dreimal um die Welt geflogen...

B: Ui...

I: ...haben also eine Woche im Flugzeug verbracht... und haben auch immer die Familie dabei... zwei kleine Kinder... wie händelt ihr das, wie habt ihr das im Griff?

B: Gut, ich glaube, der Anfang natürlich, als natürlich die Kinder dabei waren, gab es natürlich eine Änderung, viel mehr Taschen, viel mehr Überlegung dahinter... was ist alles zumutbar natürlich auch... und das haben wir eigentlich auch schnell begriffen... das klingt nach viel Reisen, aber häufig bleiben wir dann auch häufig länger in der Zeitzone drin, natürlich... und das hilft natürlich auch den Kleinen... und dann probieren wir das einfach clever zu machen... jetzt waren Sie zum

Beispiel in Shanghai... für mich ist das Reisen natürlich unterdessen eine Gewohnheit... und für M auch... ich mache es schon seit etwa fast fünfzehn Jahren, ich bin das erste Mal mit vierzehn nach Miami, ans *Orange Bowl* usw... genau... also, von dem her... ich mache das schon so lange, das Reisen, das mache ich gern, das gehört dazu, und wenn Du das nicht mehr kannst... dann ist die Karriere leider fertig... aber das ist bei mir nicht der Fall, und deshalb bin ich froh, dass ich halt, wie soll ich sagen, dieses *sacrifice* machen kann fürs Tennis... und für meinen Sport... und eh... und die M ist dazu natürlich auch wichtig, dass die Familie das auch kann... weil ohne sie wäre das viel, viel schwieriger

I: Aber was für Unterstützung braucht ihr sonst noch, wenn ihr die Kinder jeweils dabei habt... und ihr Stadion seid, und alles... wie muss man sich denn eure Entourage vorstellen?

B: Ja, es braucht sicher Hilfe, weil sich M ja auch gerne meine *Matchs* anschauen würde... aber in Paris haben wir gesagt, diese Woche kommst Du halt nicht schauen... es war eine intensive Woche in Stockholm, in Basel, auch schon in Shanghai... gut, da waren sie zwar nicht dabei, aber da wollte ich, dass sie bei den Kleinen bleibt, und dann war das auch so... eh... eine *Nanny* brauchen wir sicher auch... die halt sicher auch ein wenig da ist (unverständlich), und sonst fragen wir auch gerne meine oder ihre Eltern, ob man da ein wenig Hilfe haben kann... weil mit Zwillingen braucht es halt alles ein wenig mehr, es ist alles doppelt, dreifach... eh... aber wir haben es sonst zwar gut, und schlussendlich haben wir es uns jetzt wirklich...

--------------------------------CORTE (*SCHNITT*)-----------------------------------

I: (unverständlich) Das erste Grand Slam-Turnier der Saison, wir fliegen weit weg von der Schweiz... in den Sommer, auf die andere Seite der Weltkugel... es geht Richtung Australien, es geht Richtung Melbourne... dort geht es los mit dem ersten Grand Slam-Turnier der Saison, wo RF schon viele Erfolge feiern konnte, und ganz besonders natürlich in diesem Jahr. Er hat das Australian Open wieder gewonnen, im Finale AM geschlagen, RF, das war ein historischer Sieg, der 16. Grand Slam-Titel, den Sie da geholt haben... was gehen Ihnen für Gedanken durch den Kopf, wenn Sie jetzt zurückschauen?

B: Ehm... ja, also, es war natürlich ein perfekter Start in die Saison... ich hatte vorher zwar auch schon in Doha gespielt, in Qatar, das Turnier, wo ich im Halbfinale gegen D verloren hatte... also das zweite Mal hintereinander, nachdem ich ja schon letztes Jahr im Halbfinale am *World Tour Finals* in London... hatte ich ja 7-5 im Dritten verloren, im Halbfinale, dann bin ich ich im Viertelfinale wieder auf D getroffen, und danach... wahrscheinlich, als ich sah, dass er in meiner Hälfte war, hatte ich schon Angst, so halb, und prompt kam es dann auch so, dass ich auch Satz und Breakball hinten war, im zweiten. Ich weiss noch, ich konnte gar nicht richtig spielen dort, und dann hoffte ich einfach einmal, bis der Schatten mal weg war, und dann ging der endlich mal weg, und plötzlich gewann ich dann grad 12 *games* hintereinander, und für mich war das dann wirklich ein Wegweiser fürs Turnier, dann konnte ich zum Schluss dann noch D dominieren, T im Halbfinale und dann gegen M spielte ich den perfekten *Match*, und somit war es wirklich eines der unglaublichen Turniere für mich, wo ich am Schluss einfach zurückschauen konnte und denken «wenn es nur immer so schön wäre»

I: Dann schauen wir uns diesen Matchball gegen AM mal an! Das Besondere war ja auch, es gab ja da auch Leute, die dachten «nein, also der F, der gewinnt kein Grand Slam-Turnier mehr», es war ja auch so die Zeit, wo man es Ihnen zum Teil nicht mehr zutraute... und dann haben Sie es aber allen wieder gezeigt, also dass Sie es rüberstellen werden

B: Na gut, ich schau ja auch immer auf eine längere Perspektive nach vorn, also ich schau nicht von Woche zu Woche zu Monat zu Monat... das gehört halt einfach dazu in der Planung natürlich, nicht wahr... aber schlussendlich kannst Du Dich nicht davon leiten lassen, von was auch immer das *Ranking* sagt... oder was jetzt ein Turnier sagt, ob ich jetzt im Halbfinale in Paris verloren habe oder nicht. Wichtig ist, dass die Einstellung stimmt, dass sich dein Körper auch wohlfühlt, dass Du mental fit bist, und Du weisst, was Du eigentlich noch alles gerne erreichen willst... und solange Du das noch alles in Sichtweite hast, ist es okay. Ehm... das Problem ist natürlich, wenn Du an jede Pressekonferenz hingehst und man immer wieder auf dir rumhackt und man sagt «was ist denn das Problem?». Dabei ist eigentlich gar nichts los, aber Du beginnst so halbwegs, es zu glauben, das ist halt manchmal ein bisschen schwierig. Aber ich glaube nach dieser Erfahrung habe ich das jetzt ziemlich im Griff.

I: Das Gute ist natürlich, wenn man diesen Titel dann auch gewinnen kann, und gut tut es auch, denke ich, wenn dann die Gegner dann so reden wie AM dann bei der Siegerehrung

(Video wird eingespielt. AM: *I can cry like R. It's just a shame I can't play like him*)

I: Ja, überall zollt man Ihnen immer grossen Respekt... eben auch Ihre Gegner... und da lachen Sie so sympathisch... eben wie einer, der keiner Fliege etwas zuleide tun kann... und dabei, RF, sind Sie doch der grösste Killer, den es gibt... wenn einer so erfolgreich Tennis spielt wie Sie das getan haben... fünfeinhalb Jahre Nummer Eins ist und alles... da muss man doch einen ausgeprägten Killerinstinkt haben...

B: ...ja, das klingt so brutal, der Killerinstinkt...

I: Also, auf dem Platz...

B: Ja, ich weiss... man sagte lange, wenn man zu nett ist, kann man eigentlich keinen Erfolg haben im Sport... usw... und ich bin ja froh, dass sich das irgendwie legen konnte weil zum Beispiel auch KC spielte ja gut, auf der Frauenseite... sie war ja auch immer bekannt dafür, eine ganz ganz nette Person zu sein... und ich bin froh, dass es halt auch geht mit viel Respekt, mit *Fairplay*, mit harter Arbeit... und natürlich auch viel Talent, das ist schon auch irgendwie klar... aber dass ich das alles so zusammenbündeln konnte und zu so einem guten Paket bringen, aber da muss ich sagen, da bin ich selber sehr froh, weil für mich hat es länger gedauert, das Grand Slam zu gewinnen... obwohl es auch früh war... als zum Beispiel ein H, ein S, ein R, ein F usw... da musste ich schon mehr warten, und deshalb... ehm... bin ich froh, dass es so gut gelaufen ist.

I: Aber wie Sie es doch immer wieder schaffen und auch die Gegner Ihnen immer wieder Respekt zollen... und Sie immer auch noch zum beliebtesten Spieler wählen. Wenn Sie doch die Chance haben, gegen einen Kollegen einen Satz 6:0 zu gewinnen... dann machen Sie das, nicht wahr? Ein anderer hätte irgendwie Erbarmen bei 4:0 und beginnt, schwächer zu spielen.

B: Naja, es passiert ja fast nie bei uns. Also, von dem her ist es noch gut, also wir haben selten 6:1 oder 6:0 Sets... ne... ehm... nein, aber ich glaube, das ist halt einfach der Sport, Du gibst halt einfach alles, und am Schluss kannst Du es ja trotzdem in der Garderobe lustig haben, wie das zum Beispiel mit dem JM der Fall war, danach sprachen wir darüber, und darüber gelacht, dass die Saison jetzt für ihn zu Ende ist, aber er trotzdem noch ein Doppelfinale hat... und über meinen Glücksball im *Tie Break* usw... das wird dann alles nochmal schön durchgenommen. Aber auf dem Platz selber, da kannst Du aggressiv sein, gewinnen wollen, die Faust zeigen... fast schon ein wenig hart sein... auch zum Gegner rüberschauen, ein wenig blöd, wenn es sein muss... das ist alles erlaubt. Aber dafür gibt es ja Schiedsrichter und andere, die dann irgendwann mal sagen «jetzt reicht es Jungs», und «jetzt musst Du mal aufhören» und von dem her muss ich sagen... rundum ist es *Fairplay*, und das gefällt mir auch sehr an unserm Sport.

I: Das kommt wirklich rüber, und das wissen die Zuschauer auch zu schätzen. Und wir fliegen weiter, und zwar in die Vereinigten Staaten, wir haben Indien Wells ausgewählt, RF, der Ort in Kalifornien, nicht unbedingt, weil Sie dort sportlich so gut war dieses Jahr... obwohl, das ist, glaube ich, der Bahnhof von Indian Wells, da waren Sie, glaube ich, noch nie...

--------------------------------CORTE (SCHNITT)----------------------------------

Anexo 4. Transcripción SPO ES

POSTSCRIPT SPO ES	
I	Presentador
B	Deportista (RS)
Número de interlocutores	2
País en el que tiene lugar la entrevista	España
Idioma que se emplea durante la entrevista	I: español B: inglés (interpretación al español)
Duración de la entrevista	12:33 minutos
Visualización de la fuente original	Posible. Subido por globitodechicle2 am 15. 04. 2011. Disponible en http://www.youtube.com/watch? v=VS8120ZwabE [Fecha de consulta: 21 de mayo de 2012]

Tabla 13. Postscript SPO ES.

----------------------------COMIENZO (*ANFANG*)---------------------------------

I: Vamos a hablar de tenis. Del dos al ocho de mayo esta cadena emitirá el Mutua Madrid Open de tenis. Y, nuestro invitado, eh... esta noche va a estar ahí también. es el quinto mejor jugador de tenis del mundo. Es este hombre, capaz de sacar a 225 km/h; como para poner la cabeza en medio, ¿sabes? >risas en el público< Sí, alguna tendrá que sacar, en, en, en, en Barcelona, en España, vamos, como máximo, como máximo 110, aquí no puede sacar más rápido, eh? >risas en el público< Va a estar en el torneo Godó y es un placer que pase un ratito por aquí, ¡RS! Adelante, por favor. Buenas Noches, bienvenido, ¿como estás?

B: Muy bien, gracias.

I: Muchas gracias por venir, eh... sí que te esperan torneos por España, ya nos conoces, por cierto, el último deportista sueco que, que vimos y trabajó en Barcelona fue I. Eh... tú tienes mejor carácter, ¿no? (risa de B) >risas en el público<

B: Bueno, yo creo que él es simpático. Le he conocido alguna vez, es bastante agradable pero, ¿no te acuerdas de EL, por ejemplo?

I: *Hombre, es verdad, es verdad, L, sí, sí, sí, perdón, perdón. Eh... dicen de ti, que eres, eh... como muy serio y tal, pero es que esto se dice siempre de los deportistas de élite. Realmente estáis o concentrados, o sois reservados, no puedes estar en un partido saludando a todo el mundo, ¡hey!* >risas en el público< *No, es parte del juego, la concentración, ¿no?*

B: Sí, claro. Siempre tienes que tener dos lados. Por un lado soy una persona cuando no juego y, soy una persona distinta, cuando estoy sobre la pista. Intento concentrarme mucho y creo que es muy importante.

I: *Bueno, bueno. Número 5 de la, de la ATP, estás a unos 7.000 punto de RN* >risas en el público< *eh... bueno, espérate, no es tanto, ¿verdad? Yo, si te digo la verdad, me he perdido en la contabilización de los puntos. Lo que sí parece es que cuando consigues una posición, tienes que defenderla. Es muy duro, es muy exigente, ¿no?*

>risas en el público< *(debido al desfase que se ha producido por la interpretación simultánea que se proporciona en esta entrevista. El presentador aclara esta situación a continuación)*

I: *Traducción, traducción.*

B: Sí, sí, es así como funciona el ranking. Es difícil, tienes que defender los puntos a todo momento y también N tiene que defender los puntos y espero que no lo consiga >risas en el público<

I: *Ay, ay, ay, ay, ay, ay... No, pues mira, te diré una cosa, ehm... ¿qué tal con N, por cierto, qué tal con R? Tú has dicho que es, te llevas bien con normalidad, ¿no? no es un campeón altivo, ni de otra época, es un chaval majo, ¿no?*

B: Sí, creo que es muy amable, como todos los jugadores, nos conocemos, prácticamente nos vemos cada semana, y son todos muy amables y, creo que todo el mundo sabe que N es un gran campeón y el mejor jugador del mundo y, también con el resto de los jugadores, dicen que están contentos, porque ha ayudado mucho al tenis.

I: *Es verdad, es verdad, creo que el grupo que hay ahora ahí en el top 10 o top 5 es un muy buen grupo, de muy buenos tenistas, quizás los mejores en* muchísimos años, eh... por cierto, que esta semana, N, como siempre, tan modesto, decía «No, no, es que a lo mejor pierdo el número 1», pero no le daba mucha importancia. ¿Qué importancia tiene al final, de verdad, ser un número?

B: Bueno, si eres el número 1, supongo que es importante, y puedes estar orgulloso pero, como decías, estar arriba, es muy difícil. Hay muy buenos jugadores en el *top* 5 y hay muchos que tienen las oportunidades de ganar torneos y ser un número 1.

I: Aunque tú eres un poco gamberro, ¿eh... R? >risas en el público< ¿Sabes, no? ¿La palabra, el concepto? Porque en Wimbledon, 2007, eh... mira, vamos a ver esas imágenes de ese partido (se visualiza un vídeo). Está R sacando y, R espera y de repente hace el gesto de «tra tra tra tra» (I ríe) >risas en el público< ¡Oye! No hemos (incomprensible), pero el gesto del pantaloncito... no, qué lástima, hemos cortado, pero había una mirada de R (I emite un sonido musical), eh... que te miró. Mira, ves, creo que está ahí, como... >risas en el público< Bueno, bueno, es una broma, ¿no?

B: Sí, era una broma, yo lo hago siempre, cuando voy con mis amigos...

I: ... ¿sí?

B: No, no, no quería hacer nada malo...

I: ... ya...

B: ... pero cuando juegas un partido tan igualado, a veces pasan cosas...

I: ... Sí...

B: ... pero bueno, hace mucho tiempo ya me he olvidado. Espero que él también se haya olvidado.

I: Sí, seguro que sí. No, yo digo, todavía pasan pocas, tantas... tantos minutos, tanta intensidad, bueno, es que a veces estás como espectador y estás más nervioso tú que ellos, es increíble como podéis aguantar y templar, con todo lo que dura un partido. ¿Cuál es, por ejemplo, el partido más largo que hayas jugado? ¿Te acuerdas?

B: Es que, creo, es que este mismo de cuatro días... mucha lluvia hubo...

I: ... ah, bueno, claro.

B: Mucha lluvia hubo...

I: ... sí, sí, sí...

B: ... Sí, es muy difícil, sobre todo en un *Grand Slam*, cuando haces partidos muy largos y siempre tienes que estar concentrado en todo momento, no es fácil. Pero también es eso por lo que practicamos tanto, para jugar estos grandes partidos y, es tan divertido también.

I: *Eh, oye, el Godó en Barcelona, te puede ir muy bien este año, ¿no? Aunque el año pasado perdiste con V, pero V no está. Una pena, ¿no? una lástima al final no poder jugar la revancha, ¿o qué?*

B: Es una lástima, bueno estuvo bien también perder ante un español en la final, quería que todos los españoles se sintieran bien >risas en el público< (I ríe)

I: *Pero cuidado, al final... al final no puede ser. Pero sí que, en... en Godó y luego en Madrid, eh... hay una concentración potente, por ejemplo, N vuelve, no había estado el año pasado. Eh... yo no sé, jugar tantas veces... Tú, por ejemplo, ya has ganado bastante a R, ¿de qué depende de que un día puedas ganarle y otro no? Sé que hay muchas variables, ¿no? Pero, es casi increíble, dices, «¿por qué le gané el otro día en tal sitio y en Barcelona no puedo?», ¿no?*

B: No sé. Ojalá le pudiera ganar siempre, pero no es posible, él es un gran jugador y, como decía, los *top* 5 están muy igualados, y si un jugador a veces no da lo mejor de sí mismo, pues tal vez le gane y al día siguiente es otra cosa. Cada partido se define por un par de puntos aquí y allá.

I: *Tú eres más de tierra batida, ¿no? ¿Te gusta más la tierra batida?*

B: Sí, me gusta, aún cuando crecí en Suecia, donde jugamos en interiores los diez meses al año, pero sí, me gusta mucho y juego bien en tierra batida. Es una buena superficie para mi.

I: *Ya, ya. Que sepas que aquí en los sesenta, eh... venían muchas suecas, suecas >risas en el público< (B ríe)... perdona, el primer turismo que llega a*

España, el más celebrado, eran las suecas. Las recibíamos con un cariño >risas en el público<, igual te ha hablado alguien de eso, ¿eh?

B: Ahora seguro que también vienen, ¿no?

I: Sí, bueno ahora ya, claro, esto es diferente, pero las suecas en aquel momento... Los suecos no nos acordamos como eran >risas en el público<. Sí que nos acordamos de otra sueca, otro sueco, BB, ¿no? Ese supercampeón, ¿no? Eh... otro referente. Ser tenista sueco es también un poco la responsabilidad de intentar alcanzar al maestro, ¿o qué?

B: Sí claro. Todo el que juega a tenis intenta ser como él, porque es una leyenda en Suecia. Todo el mundo le conoce, pero yo intento verlo como algo positivo, porque me ha inspirado mucho, me ha dado mucha capacidad de practicar, de esforzarme mucho, de concentrarme y, ahora me... le he visto varias veces, he hablado con él y es muy amable.

I: ¿Sí? Y, ¿qué te... qué te cuenta? ¿Te ha contado cómo... cómo eran sus raquetas? ¿Que eran aquellas raquetas que pesaban, ¿no? eran de madera, ¿no? madera de... de pino >risas en el público<, o sea... No, no... eran muy pesadas, eran héroes, ¿no?

B: Sí, he intentado jugar con esas raquetas y, es prácticamente imposible, con lo cual, su esfuerzo es todavía mayor, porque ser tan bueno, con este tipo de equipo es muy difícil.

I: Y, ¿qué te ha dicho B? «tranquilo, yo gané cuatro Roland Garros pero, tranquilo», ¿no? ¿o no?

B: (B ríe) Bueno, me ha dicho muchas cosas distintas y, seguro que la mayoría no las podría contar aquí   (I ríe) >risas en el público< pero me ha hecho aprender muchas cosas. Él me llama despés de los partidos, hablamos, y está muy bien tener a un campeón con quien hablar, porque me da muy buenos consejos.

I: Por supuesto que aquella época, B, L, ¿no? M, gran época, ¿no? gran época. Oye pues que... te lo pases muy bien en... en Barcelona, supongo que ya conoces un poquito la ciudad, ¿no? Sí... un poquito...

B: Sí, me gusta mucho.

I: Vale, vale. Si tienes alguna duda, está AC también en la organización, que es un chaval muy majo y seguro que te puede asesorar, eh... y, en Madrid... en Madrid ya no lo sé... >risas en el público< ya te llamaré. Pero oye, a mi lo que.. yo soy muy malo jugando al tenis, eh... no puedo hacerlo todo. Tenis muy mal. Pero, ¿sabes qué se me da bien? El tenis de mesa. El ping pong. ¿A ti se te da bien?

B: Bueno, mi papá era bastante bueno así que supongo que algo habré aprendido de él.

I: Bueno, pues, ¿te gustaría jugar el primer torneo indoor de mesa torcida de ping pong? >risas en el público<

B: ¿En esa mesa?

I: Sí, bueno, mira, vamos a probarlo. Mira, ¿red or black? >risas en el público<

B: *Black, please.*

I: Bueno, tú sacas, venga.

B: Pero tengo la silla.

I: ¡Uy! ¡Qué pena! >risas en el público<

B: Ya me estoy quejando.

I: Un momento, un momento, un momento... ¡ya estoy perdiendo, joder, ya estoy perdiendo >risas en el público<

B: (incomprensible)

I: Espera, un momento... ¡Eh...! ¡Te ha gustado este saque! >risas en el público< Por hablar, por hablar...

B: Venga, ¡va!

I: «Venga, ¡va!», si te queda un punto...

B: Si ganas esto, ganas el partido.

I: Vale, vale... ¡eh! No necesito esto... Venga, ¡va!

B: Parece que sí.

I: RS. Thank you, que te lo pases bien, amigo. Gracias, ¡hasta luego!

-------------------------------------FIN (ENDE)---